Daniel Meurois

Parallele Universen

Daniel Meurois

PARALLELE UNIVERSEN

In meines Vaters Haus sind viele Wohnungen

Aus dem Französischen von Dr. Gerhild Schulz

SILBERSCHNUR VERLAG

Veröffentlicht in Partnerschaft mit Maurice Baldensperger und Francis Hoffmann GbR »Publish Vision«; info@publishvision.de, www.publishvision.de

ISBN: 978-3-89845-656-2

1. Auflage 2020

Übersetzung: Dr. Gerhild Schulz
Umschlaggestaltung & Satz: XPresentation, Güllesheim; unter Verwendung verschiedener Motive von © Maxal Tamor; © NASA images; www.shutterstock.com
Druck: Finidr, s.r.o. Cesky Tesin

Verlag »Die Silberschnur« GmbH · Steinstraße 1 · D-56593 Güllesheim
www.silberschnur.de · E-Mail: info@silberschnur.de

Für eine schöne Seele,
die sich in 'unserer Behausung'
in den Schleier von Virginie gehüllt hat ...

Inhaltsverzeichnis

Vorwort

"In meines Vaters Hause sind viele Wohnungen ..." Wer kennt nicht diesen berühmten Ausspruch, der Christus zugeschrieben wird?

Wie viele andere Menschen auch, habe ich ihn jahrelang immer wieder gehört oder gelesen, ohne groß darüber nachzudenken.

Wenn ich mich recht entsinne, standen die 'vielen Wohnungen' auf unbestimmte Weise für das Jenseits, an das wir zu glauben hatten. Glauben - das sollten wir doch! Verstehen weniger ... das hätte unseren Glaubensimpuls nur abgeschwächt oder die Reinheit unseres Herzens getrübt.

Also glaubte ich, wie alle anderen auch ... zumindest bis zu einem Alter, in dem man zum Glück endlich zu zweifeln wagt - und selbst zu denken beginnt, schon allein um sich von der Masse abzuheben.

Vielleicht wäre es einfach dabei geblieben, hätte mein Lebensweg - oder mein Schicksal - mir nicht die Möglichkeit gegeben, einige dieser 'vielen Wohnungen', von denen in der heiligen Schrift die Rede ist, kennenzulernen. Das war ganz entscheidend für mich.

Ich meine natürlich die Fähigkeit, meinen physischen Leib zu verlassen und mein Bewusstsein herauszusetzen - kurz gesagt: *Astralreisen.* Allerdings bin ich mit diesem Begriff vorsichtig geworden. Er wird so oft falsch verstanden oder abwertend verwendet.

Nach mehreren Jahrzehnten außerkörperlicher Erfahrungen und zwangsläufig 'mystischer' Forschungen, erstaunt es mich, wie beiläufig der berühmte Satz aus dem Johannesevangelium aufgenommen wird. Er bringt schlicht und einfach die Vielschichtigkeit des Universums zum Ausdruck - auch wenn die Worte, in die er gekleidet ist, eher poetisch anmuten.

Letztlich ist eine dichterische Sprache voller Inbilder und Metaphern die beste Einstimmung auf die folgenden Seiten. Ihr Anliegen ist nichts Geringeres, als die Schönheit allen Seins hervorzuheben.

Ebenso überrascht bin ich, wie rundweg das 'offizielle Christentum' die Existenz anderer Welten totschweigt oder umgeht.

Wohl gesteht sie zwangsläufig das Vorhandensein einiger 'raum-zeitlicher' Aufenthaltsorte der Seele nach dem Tode ein. Auch von Welten der Engel und Erzengel ist die Rede, jedoch in so vagen oder theologisch-dogmatischen Begriffen, dass sie jeden Interessenten nur verwirren ... Es gibt jedoch viel mehr Leute, die sich für die Frage interessieren, als man denkt. Zumindest würden sie sich dafür interessieren, wenn man ihnen Gelegenheit dazu gäbe.

Ich bin viel gereist und mit ganz unterschiedlichen Kulturen in Berührung gekommen. Dabei ist mir eines immer wieder aufgefallen: Die Existenz anderer Welten hat uns

Menschen, ganz gleich welcher Herkunft, schon immer fasziniert. Es sieht fast so aus, als trügen wir das Wissen um ein 'Anderswo' bereits tief in uns - und zwar ganz unabhängig von unserem jeweiligen 'Glauben'. Diesem 'Anderswo' - oder besser gesagt, all diesen anderen Orten - ist das vorliegende Buch auf der Spur. Ich möchte etwas Licht in die Sache bringen und diese Welten ein wenig erforschen.

Warum? Weil ich finde, dass wir an einem Punkt unserer Geschichte - und folglich auch unserer Evolution - angelangt sind, an dem wir blinden Glauben und radikale Ablehnung hinter uns lassen müssen. Der Sinn des Lebens verlangt von uns, nun in Freiheit zu erkennen 'wie die Dinge sind'. Läuft nicht jede echte Entwicklung letztlich über einen Verständnisprozess?

Ist die Beschäftigung mit an einem 'Anderswo' etwa eine einfältige, langweilige Sache ... nur weil solches in einer Gesellschaft, die alles ausblendet, was sich nicht unmittelbar fassen lässt, als Utopie erscheint? Ganz im Gegenteil. Sehen wir uns doch einmal an, was wirklich los ist ...

Die intellektuelle und technologische Leichtigkeit, mit der wir heutzutage mit virtuellen Universen, Hologrammen und allen 'nicht-materiellen' Dingen umgehen, die tagtäglich auf dem Wege der Informatik weitergeleitet werden, zeigt ganz deutlich, wie viele mentale Beschränkungen längst weggefallen sind. Darin erweist sich unsere Bereitschaft, die Materie, aber auch 'die Wirklichkeit' grundlegend anders aufzufassen.

Welch' riesigen Sprung nach vorne würden wir tun, wenn wir bereit wären, unsere neue Beziehung zur Realität auch auf das menschliche Wesen auszudehnen! Ich meine, in Richtung eines möglichen feinstofflichen Aufbaus des Menschen und der wunderbaren Verbindung seines Bewusstseins mit dem ganzen Universum.

Im Grunde hätte ich gleich schreiben sollen: "Welch riesigen Sprung nach vorne *werden* wir tun ..." - denn es wird wohl in Kürze geschehen ... und Mystiker und Topwissenschaftler versöhnen.

Zu dieser Entwicklung und geistigen Erneuerung möchte das vorliegende Buch seinen Beitrag leisten. Gegenwärtig kündigt sich das Heraufziehen eines ganz neuen Bewusstseinszustandes an. Das verlangt von uns allen, alte Denkmuster und Glaubensvorstellungen zu überwinden. Es geht nicht darum, irgendeiner 'Bewegung' anzugehören, sondern einfach einzusehen, dass es langsam Zeit wird, in unserem Denken und Fühlen aufzuräumen - und zwar nicht nur, um unseren Platz im Universum neu zu bestimmen. In allererster Linie wird unser alltägliches Leben damit auf eine ganz andere Stufe gehoben. Wenn das Leben wirklich Sinn bekommt und man beginnt, seine Ausmaße zu erahnen, kann die Sonne sich viel leichter darin einrichten.

Sobald wir unseren Horizont erweitern und bereit sind, unsere Gedanken neu zu ordnen, werden sich auch unsere Widersprüche auflösen. Es wird alles viel klarer und einfacher erscheinen, unsere Ängste werden abflauen ... all diese Ängste vor dem Unbekannten, die mit der Frage zusammenhängen, wer wir sind und was uns erwartet.

Die Überlegungen, zu denen ich euch auf den folgenden Seiten einlade, möchten gewiss keine umfassende oder gar erschöpfende Studie der Parallelwelten sein – also ‘benachbarter’ Welten, und/oder Welten, die uns innewohnen, ohne dass es uns wirklich bewusst ist.

Wie auch meine vorausgehenden Werke, möchte dieses Buch vor allem von bestimmten Dingen berichten und versuchen, sie miteinander in Verbindung zu bringen. Mein Anspruch besteht allein darin, Menschen, die sich im Dickicht vager Ideen ein wenig verloren fühlen, ein paar Anhaltspunkte zu geben, um Ängste und leidvolle Orientierungslosigkeit zu lindern.

Es ist nicht nur Zeit, voranzukommen, sondern auch zu verstehen, warum diese Weiterentwicklung so wichtig ist und welche Rolle sie für uns spielt. Einen Schritt vorwärts zu machen und einzusehen, dass unser unendliches Universum wirklich von vielen Wohnungen bevölkert ist, es also ganz unterschiedliche Existenzformen und Bewusstseinsebenen gibt, darf nicht mehr als ‘esoterisch’ gelten und ‘zum Himmel stinken’. Es öffnet sich damit lediglich eine Türe zu unserem tiefsten Wesen. So bekommt es endlich neuen Sauerstoff. Ich wünsche mir, dass die Überlegungen, zu denen ich euch im Folgenden einlade, euch wie frischer Wind aufatmen lassen. Er möge euch neue Glücksmöglichkeiten eröffnen ... auch wenn ihr dafür ein paar alte Schutzschichten ablegen müsst.

Kapitel I

Paralleluniversen

Wollte man die Anzahl mündlicher und schriftlicher Zeugnisse über andere Universen weltweit erfassen, so ginge das gewiss in die Hunderttausende ... mindestens! Diese Texte und Erzählungen werden als Märchen, Legenden oder Mythen eingestuft.

Aus Sicht unserer gegenwärtigen Vernunft sind es lediglich Früchte menschlicher Fantasie. Sie können einem allenfalls ein mildes Lächeln abringen.

In gewisser Hinsicht ist diese Fantasie ja ganz respektabel. Sie dient als Ventil und hat eine Schutzfunktion angesichts der rauen Wirklichkeit. Sobald allerdings jemand die Sache nicht nur symbolisch verstanden wissen will oder sich gar daran macht, sie näher zu untersuchen, macht man sich darüber lustig.

Aufgrund der Erfahrungen, die ich im Leben gemacht habe, gehöre ich nun auch zu den 'Häretikern', die sich mit Forschungen auf diesem Gebiet beschäftigen. Im Übrigen bin ich überzeugt, dass Erzählungen, die fantastisch anmuten oder in Traditionslinien stehen, die dem sogenannten

'Übernatürlichen' einen breiten Spielraum lassen, stets echte Erlebnisse zugrunde liegen. Es sind wohl Beobachtungen, die einfach nicht ins Register des Altvertrauten und Akzeptablen passen.

Etwas Handfestes ... und doch völlig Ungreifbares

Sich über solche Phänomene hinwegzusetzen oder sie gar zu verlachen, sichert natürlich in gewisser Hinsicht den 'gesellschaftlichen Zusammenhalt', zumindest oberflächlich betrachtet. Schaut man jedoch genauer hin, worauf das innere Gleichgewicht der Gesellschaft gründet, so zeigt sich bald, wie zerrüttet diese in Wahrheit ist.

Ihre Grundfesten sind nämlich längst nicht so 'konkret' und solide, wie man meinen könnte! Das 'Greifbare', auf das sie sich stützt, ist in Wahrheit höchst ungreifbar ... ja geradezu virtuell. Es herrscht über das zarte Netz einer digitalen Welt, deren Gesetze sich mehr und mehr verfeinern und somit auf etwas Unsichtbares zubewegen.

Von Wellenlängen und Schwingungsfrequenzen zu sprechen, ist inzwischen völlig normal. Milliarden von Informationen werden blitzschnell über unseren Planeten gesendet ... und auch ein Hologramm kann niemanden mehr in Erstaunen versetzen. Unterdessen wird bereits die Übertragung von Photonen auf für Normalsterbliche noch völlig ungeahnten Wegen debattiert. Es geht in Richtung Teleportation der Materie.

Um in etwas 'weltlichere' Bereiche zurückzukehren, denke man nur an die riesigen Summen, die weltweit zwischen den Banken kursieren. Auch hier erscheint es uns völlig normal, dass es sich dabei um 'virtuelles' Geld handelt.

Um die Sache ganz nüchtern zu betrachten: Wir leben in einer vermeintlich durch und durch 'konkreten' Welt, weigern uns aber anzuerkennen, dass ihre Bestandteile in vieler Hinsicht immer ungreifbarer werden.

Kurz gesagt, unser Leben war nie zuvor so nachhaltig von Unsichtbarem und Ungreifbarem geprägt. Noch nie mussten wir den Begriff des 'Realen' so weit fassen, nie war er solchen Veränderungen unterworfen.

Seltsamerweise halten unser Bewusstsein und unsere menschliche Kultur dennoch stur an einem monolithischen, materiellen Weltbild fest, als sei es die einzig mögliche Daseinsform. Wir sind wahrlich mit Blindheit geschlagen!

Unsere Widersprüche

Die Spitzentechnologien haben innerhalb weniger Jahrzehnte unsere Einstellung zur Wirklichkeit gehörig ins Wanken gebracht und uns zu völlig neuen Einsichten geführt. Auf intellektueller und psychologischer Ebene hinken wir jedoch hinterher ... Die naheliegenden Konsequenzen haben wir jedenfalls noch nicht daraus gezogen. Wenn die Technik sich nun aber sprunghaft weiterentwickelt und uns neue Horizonte eröffnet, wieso gilt das dann nicht auch für andere Lebensbereiche? Was spricht denn dagegen? Ich denke hier an unsere psychischen, metaphysischen und spirituellen Barrieren im allerweitesten Sinne, also an alles, was unsere 'Innenwelt' als denkende Wesen ausmacht. Im Grunde sind wir nämlich durchaus in der Lage, uns weiterzuentwickeln.

Ich erinnere mich noch gut daran, wie auf einem Tisch in meinem Elternhaus der erste Fernseher in Erscheinung trat. Was habe ich gestaunt! Ich war höchstens elf oder zwölf Jahre alt. Die Bildqualität war natürlich ziemlich mäßig - schwarz-weiß. Es gab nur ein einziges Programm. Und doch war es ... ein Wunder.

Unser Erfahrungshorizont wurde auf eine harte Probe gestellt. Wie war es nur möglich, etwas zu sehen, das sich Hunderte oder gar Tausende Kilometer entfernt von uns abspielte?

Heute, ein halbes Jahrhundert später, erscheint es unvorstellbar, kein Farbfernsehen zu haben. Ebenso undenkbar wäre es, vom problemlosen Zugang zu unzähligen Programmen abgeschnitten zu sein. Es gibt eben zahllose Fernsehkanäle - ganz zu schweigen von damit einhergehenden Finessen, wie etwa der hohen Auflösung. Wir würden uns doch wie Dinosaurier fühlen, wenn wir nicht in diesen Genuss kämen.

Ich mache mir allerdings weniger Sorgen um die 'Dinosaurier der Technik', als um unsere Welt, die der Entwicklung hinterherhinkt, lieber herumtrödelt und die Augen verschließt, als sich mit ihrem ureigensten Wesen zu beschäftigen. Wir verhalten uns wie Künstler oder Schauspieler eines einzigen Fernsehkanals ..., der die einzig mögliche Lebensform wäre. Das habe ich ja schon öfter gesagt. Welche

Ahnungslosigkeit und Blindheit wir in dieser Hinsicht doch an den Tag legen! Das erscheint mir dermaßen kindisch. Es ist fast als würden wir noch immer gelehrten Doktrinen folgend glauben, die Erde sei der Mittelpunkt des Universums.

Die alten Debatten sollten auf diesem Gebiet schon längst überwunden sein - sind es aber leider nicht.

Wir weigern uns standhaft in Betracht zu ziehen, dass im Universum ebenso viele 'Lebenskanäle' existieren können, wie es Fernsehkanäle gibt - im Prinzip also unendlich viele.

Als Argument ins Feld zu führen, wir hätten keine wissenschaftlichen Beweise dafür, ist wenig hilfreich. Die Wissenschaft entwickelt sich ja ihrerseits weiter. Ihre Begriffe und Vorstellungen unterliegen einem ständigen Wandel. Gerade in der Physik werden unablässig neue Gesetze entdeckt, die alte Vorstellungen ablösen. Wir sollten die Wissenschaft also nicht zu einer neuen, absoluten Gottheit erklären. Es wäre völlig verkehrt, sie zu einem so unerbittlichen, doktrinären Herrscher zu erheben, wie manche Kirchen ihn auf Erden errichten wollten. Viel sinnvoller ist es, uns ihre Erkenntnisse zu eigen zu machen, weil sie uns helfen, über unsere menschliche Verfasstheit nachzudenken. Ganz entscheidend dabei ist das Prinzip der Analogie. Warum ausgerechnet dies? Nun, weil es wohl eines der grundlegendsten Gesetze des Universums ist.

Entscheidende Fragen

Ausgehend von diesen Überlegungen, möchte ich euch nahelegen, einmal über die folgenden Fragen nachzudenken:

- Könnte nicht gerade das menschliche Bewusstsein das erhabenste 'technische Instrument' überhaupt sein, nämlich ein Werkzeug, das unzählige 'Schwingungsfrequenzen des Lebens' aufeinander abstimmen kann?

- Um noch einen Schritt weiterzugehen: Warum sollte das menschliche Bewusstsein nicht in der Lage sein, die 'Sendungen' - nicht nur *seines*, sondern *all seiner* - Leben selbst zu generieren?

- Könnten nicht Veränderungen der Schwingungsfrequenz oder Wellenüberlagerungen eine Erklärung für das Weiterleben der Seele nach dem Tode des physischen Körpers ... und vieler anderer Berührungspunkte mit dem Ungreifbaren sein?

Man könnte eine lange Liste von Phänomenen erstellen, die nicht einzuordnen sind, doch ganz gleich wie lang die Liste ist ... und zu welchen Annahmen und Fragen sie Anlass gibt, auf jeden Fall sollte sie dazu führen, unsere Haltung gegenüber den möglichen Manifestationen des Lebens gründlich zu überdenken.

Diese Übung ist nicht etwa ein Schritt ins Irrationale, sie bewirkt gerade eine erweiterte Wahrnehmung des 'Rationalen'.

Ein erster Vorstoß

Um gleich aus der Abstraktion herauszukommen und nicht nur 'allgemein' zu sprechen, möchte ich euch zwei wahre Geschichten erzählen. Ich war darin Handelnder und Zeuge zugleich.

Die Erste liegt schon viele Jahre zurück. Ich war damals höchsten sechzehn oder siebzehn Jahre alt.

Im Rahmen sonntäglicher Familienausflüge verbrachte ich oft ganze Nachmittage in einem Dorf in der Picardie, das inmitten einer hügeligen Landschaft im Grünen lag.

Ein paar urwüchsige Gehöfte gruppierten sich um eine fünf- oder sechshundert Jahre alte Kirche und eine halb verfallene Mühle herum, die mindestens ebenso alt war. Es war keine Wind-, sondern eine Wassermühle. Was von dem Gebäude übrig war, lag am Ufer eines kleinen Baches, den man ohne Schwierigkeiten durchwaten konnte. Ich war fasziniert von diesem poetischen Ort. Die alten Balken und moosigen Mauern der Mühle berührten meine jugendliche Seele tief. Wenn es nur möglich war, machte ich mich alleine dorthin auf - und sei es nur für ein paar Augenblicke. Von einem solchen Moment möchte ich nun erzählen ... Der Wasserstand war an jenem Tag nicht sehr hoch und so entschloss ich mich, meine Schuhe auszuziehen, um endlich einmal den Bach zu durchqueren und am anderen Ufer auf dem Pfad umherzugehen, der etwa zwanzig Meter weiter unter Bäumen durchführte. Kaum hatte ich, ohne mich umzuwenden, die Hälfte der Strecke durch den Bach zurückgelegt, als mich plötzlich eine seltsame Klangerscheinung überkam - oder genauer gesagt, war es eher das Fehlen des Klanges. Ich nahm das Plätschern des Baches nicht mehr wahr und auch nicht den Wind in den Bäumen. Nicht einmal das Vogelgezwitscher oder die Schreie der paar Kinder, die unweit von mir herumplanschten, drangen noch zu mir durch.

Ich machte ein paar Schritte in diese seltsame Abwesenheit einer Klangkulisse hinein, ohne zu begreifen, was eigentlich geschah. Unfähig stehen zu bleiben, starrte ich auf meine Waden, die sich langsam den Weg durch das fließende Wasser bahnten. Plötzlich hörte ich wieder etwas und blickte endlich auch auf. Doch was ich vor mir sah, versetzte mir einen Schock. Meine Füße waren noch immer im Wasser, doch die Umgebung hatte sich völlig verändert. Es war nicht mehr das gegenüberliegende Ufer jenseits der Wasserfurt. Es war auf einmal ein ganz anderer Fluss. Er war ziemlich breit. Das Ufer war mit Binsen und einer Art Wasserhyazinthen bewachsen. Außerdem waren menschliche Gestalten zu sehen, die gerade Schalen aus geflochtenem Schilf, in denen je eine kleine Flamme brannte, aufs Wasser setzten, um sie vom Fluss forttragen zu lassen. Ich weiß noch genau, welche Gefühle die Schönheit dieser Szene und der intensive Duft, den sie verströme, in mir auslösten. Ich setzte meinen Weg fort. Auch daran erinnere ich mich gut. Während ich immer tiefer in die Kulisse eindrang, fiel mir plötzlich auf, wie seltsam die Wesen aussahen, auf die ich mich zubewegte. Einige von ihnen blickten mich an ... Ihre Gesichter waren lang und bleich. Alle sahen außergewöhnlich jung aus und hatten weder eindeutig weibliche noch männliche Züge. Sie waren von hoher, graziler Gestalt und wirkten dadurch sehr elegant. Auch die Kleidung versetzte mich in Erstaunen. Die meisten Gewänder waren zartgelb und leicht, wie ganz weiche, durchschimmernde Seide. Wenn ich heute daran zurückdenke, so möchte ich sie am ehesten mit Irisblättern vergleichen. Eines der Wesen deutete, als es mich sah, mit dem Finger auf mich und äußerte etwas, voller Erstaunen ... wohl ein paar Worte, die ich nicht verstand. Sie klangen in meinen Ohren überstürzt und sehr hell.

Ich glaube, allmählich wurde mir klar, dass ich hier nichts verloren hatte. Wahrscheinlich war ich ohne es zu bemerken auf einem Filmset aufgekreuzt. Jedenfalls war ich überzeugt, zu stören. Also drehte ich mich lieber am Absatz um. Ich wollte gehen, bevor man mich dazu auffordern musste. So blickte ich wieder ins Wasser und hielt Ausschau nach den Steinen am Grund, um nicht zu stolpern. Kaum hatte ich ein paar Schritte gemacht, nahm ich auch schon wieder das merkwürdige Fehlen aller Klänge wahr, das ich wenige Augenblicke zuvor erlebt hatte. Erneut drang nicht der leiseste Laut in mich ein. Allerdings hatte ich gar keine Zeit, mir Sorgen zu machen, schließlich musste ich mich erst einmal orientieren und blickte mich nach meinem Ausgangspunkt um.

Und wirklich lag alsbald, gesäumt von ein paar kleinen, verstreuten Felsen, wieder die Wasserfurt vor mir, von der aus ich aufgebrochen war. Nur ... nur die spielenden Kinder waren verschwunden und der Abend zog schon herauf. Allein ein Hund löschte am Bach seinen Durst. Ich blickte mich sogleich um ... doch da war wieder nur die vertraute Kulisse ... die Wasserfurt und die Ruine der alten Mühle.

Ich konnte es nicht fassen ... Was war nur geschehen? Rasch zog ich meine Schuhe an und ging schnell zu meiner Familie, die bestimmt schon auf mich wartete und sich Sorgen machte. Damals war ich noch ein recht schweigsamer, verschlossener Jugendlicher, erzählte also kein Sterbenswörtchen von meinem Erlebnis. Ich sagte einfach, ich sei auf der anderen Seite der Furt spazieren gegangen und hätte gar nicht bemerkt, wie die Zeit vergeht ... Das war die offizielle Version. In Wahrheit aber, war ich in tiefster Seele erschüttert. Ich schlief kaum noch und brauchte Tage, um meine Gedanken zu ordnen. Doch schließlich wuchs Gras über die Sache. Ich verdrängte dieses merkwürdige Abenteuer ... war aber zugleich überzeugt, dass ich mir nicht nur etwas eingebildet, sondern tatsächlich etwas Unerklärliches erlebt hatte.

Von 'Paralleluniversen' und der Überlagerung von Wellen

Es dauerte Jahre, bis ich endlich so weit war, vernünftig analysieren zu können, was mir vermutlich widerfahren war. Aller Wahrscheinlichkeit nach war ich kurz in ein benachbartes Universum geraten ... Nur in welches? Wer könnte das jemals sagen? Es ist auch nicht so wichtig. Entscheidend ist zunächst einmal das Phänomen selbst.

Dank der vielen unterschiedlichen Erfahrungen, die ich seitdem gemacht habe, konnte ich meine Gedanken inzwischen ordnen und mich von allen Vorurteilen frei machen.

Ich habe oft darüber nachgedacht und bin zu dem Schluss gekommen, dass ich damals wohl von einer Wellenlänge - der unserer Welt - zu einer anderen, von deren Existenz wir nichts ahnen, hinübergeglitten war ...

Und so begann ich ganz spontan, den Begriff 'Paralleluniversum' zu verwenden, wie so viele andere auch. Wenn ich jedoch recht darüber nachdenke, erscheint er mir nicht recht angemessen. Zwei parallele Geraden oder Ebenen schneiden sich bekanntlich nie. Sie können zwar ganz dicht nebeneinander herlaufen, werden sich aber niemals treffen.

Wenn man davon ausgeht, dass dennoch zu Recht von etwas Parallelem die Rede ist, muss es meiner Ansicht nach zwischen den parallelen Linien oder Ebenen eine Schleuse geben - also so etwas wie eine 'Türe' oder einen anderen Weg der Kommunikation.

Diese Schleuse könnte ähnlich funktionieren wie ein 'schwarzes Loch', das alles ansaugt, was in seine Nähe gerät, um es in einem anderen Universum als 'weißes Loch' - wie Astrophysiker das nennen - wieder 'auszuspucken'.

Allerdings sind im Falle meines beunruhigenden Abenteuers bestimmt schon viele andere Leute an der Stelle vorbeigekommen, wo die Furt schließlich zur Schleuse wurde ... ohne dass irgendetwas geschah.

Daraus lassen sich mehrere Thesen ableiten: Entweder ist die Raum-Zeit-Schleuse, in die ich geriet, nicht ortsgebunden, sondern beweglich. Dann kann sie also an allen möglichen Stellen unserer Welt auftreten. Oder mein Bewusstsein hat sich aus irgendeinem Grund verändert, sodass ich plötzlich Zugang zu einem anderen 'Lebenskanal' hatte ... Vielleicht sogar beides. Möglicherweise ist das gar kein Widerspruch.

Ich erinnere mich noch an die Rundfunkgeräte meiner Kindheit ... Da kam es auch öfter mal vor, dass eine Sendung plötzlich unterbrochen war ... und sich eine andere 'drüber legte'. Das nannte man damals Überlagerung von Wellen.

Wendet man dieses Beispiel auf meine kleine Geschichte an, so wäre doch denkbar, dass auch die Schwingungsstruktur der Welt, in der wir leben, manchmal ins Schleudern gerät und punktuell solche Aussetzer hat, sodass zwei völlig unterschiedliche Wirklichkeiten plötzlich aufeinanderprallen.

Allerdings muss man im genannten Fall noch etwas Wesentliches beachten: Mein Durchgang 'durch die Schleuse' war ja kein einseitiges Erlebnis. Nicht nur ich bekam etwas zu sehen und zu hören. Ich war nicht nur Beobachter der Szene, sondern auch Handelnder. Ich habe darin ganz konkret mitgespielt. Da stand ich, bis zur Wade im Wasser und meine Anwesenheit wurde von den Wesen, die ich sah, ebenfalls bemerkt. Sie zeigten ja mit dem Finger auf mich und äußerten unverständliche Worte ...

Kurz gesagt, ich war in jener 'anderen Welt', die mir erschien, konkret anwesend. Folglich habe ich nicht nur durch eine Luke in der Raum-Zeit einen Blick in eine andere Welt geworfen. Ich war selbst durchgeschlüpft - auch wenn ich nie erfuhr, wie das genau geschah. Im Grunde kann man erst in diesem Fall wirklich von einer Schleuse sprechen - im wahrsten Sinne des Wortes.

Eine Frage bleibt jedoch offen: Werde ich, wenn ich die Schwelle zur anderen Welt überschreite und dort materiell sichtbar bin - worauf ja alles hindeutet - in unserer Welt unsichtbar? Bin ich im selben Augenblick hier verschwunden? Um darauf eine eindeutige Antwort zu bekommen, hätte ich einen Begleiter bei mir haben müssen.

Es gibt zwei Möglichkeiten: Entweder habe ich mich hier, in unserer Welt, 'entmaterialisiert', weil ich von einer anderen angezogen wurde ... oder ich war weiterhin in meiner Wasserfurt sichtbar. Dann wäre also meine Anwesenheit aufgrund irgendeines energetischen Mechanismus 'kopiert' worden, woraufhin ich auf ganz spontane und natürliche Weise gleichzeitig in ein anderes Universum eindringen konnte.

Kopieren

Hier drängt sich der Vergleich mit der Möglichkeit des Kopierens auf, die uns beim Computer zur Verfügung steht. Die Kopierfunktion erlaubt uns ja bekanntlich, jedes beliebige gespeicherte Dokument gleichzeitig in verschiedenen Bereichen des PCs zu nutzen und in Sekundenschnelle ans andere Ende der Welt zu schicken ... wobei es an seinem Ausgangsort unverändert erhalten bleibt.

Der Vergleich hinkt natürlich etwas ... Es ist schon merkwürdig, uns als Menschen mit der 'kalten Technik' von Computern zu vergleichen ... In Wirklichkeit ist es wohl eher umgekehrt. Ich vermute, dass die Informatik auf bestimmten Funktionsweisen des menschlichen Geistes basiert ... in denen auf subtile Weise große Lebensgesetze zum Ausdruck kommen.

Außerdem wirft meine kleine Erzählung noch eine andere Frage auf: War mein Bewusstsein - oder meine Seele - nur in jenem Teil meiner selbst anwesend, der die raumzeitliche Schleuse durchdrungen hat oder zugleich auch in meinem 'Ausgangskörper' aktiv? Dazu kann ich nur sagen, dass ich mich jedenfalls nicht an beide Ebenen erinnern kann ... Als mein Bewusstsein 'zurückkam', war in unserer Welt - im Vergleich zu den wenigen Augenblicken, die ich in der anderen Welt gewesen war - schon ziemlich viel Zeit vergangen ... mindestens eine halbe Stunde. Jedenfalls waren die spielenden Kinder vom Ufer verschwunden und es wurde schon Abend.

Daraus könnte man schließen, dass nur die 'äußere Hülle' eines Menschen 'kopiert' werden kann, sein Inneres aber - sein Bewusstsein - jedoch 'eins' bleibt, also nicht übertragbar ist. Sicher ist das freilich nicht. Die zahlreichen Fälle von 'Bilokation' sprechen dagegen und diese Fähigkeit besaßen viele großer Geister, welche die Menschheitsgeschichte spirituell prägten.

In unserer Zeit ist der überzeugendste Beweis im westlichen Kulturkreis zweifellos Pater Pio. Mehrere Zeugen berichten, ihn zum selben Zeitpunkt an verschiedenen Orten gesehen zu haben, die weit voneinander entfernt lagen. An beiden trat er ganz konkret in Erscheinung und war aktiv tätig. Wer aktiv ist, muss zumindest ein Minimum an Geistesgegenwart besitzen ... Diesem Beispiel wurde oft entgegengehalten, Pater Pio sei eben erleuchtet gewesen, also ein 'Sonderfall'. Das ist zweifellos richtig ... Man darf aber nicht vergessen, dass auch ein noch so außergewöhnlicher Mensch immer noch ein Mensch ist, die Naturgesetze also nicht einfach so außer Kraft setzen kann. Er kann allenfalls ein paar Besonderheiten des Lebens aufzeigen, die noch nicht hinreichend erforscht sind.

Im Übrigen ist Pater Pio nicht der einzige Fall. Im Orient gibt es unzählige Beispiele für dieses Phänomen, vor allem im Hinduismus und Buddhismus ... und schließlich ist dieser Teil der Welt nicht weniger glaubwürdig, nur weil er weit von uns entfernt ist. Freilich soll es hier nicht darum gehen, irgendetwas 'zu glauben', sondern zunächst einmal, sich mit Phänomenen auseinanderzusetzen, die unsere Alltagslogik ein wenig auf den Kopf stellen und unseren Geist herausfordern ... Da muss er sich schon ein bisschen verbiegen. Dennoch kann 'Gehirntraining' als Selbstzweck natürlich nicht das Ziel sein. Es geht vielmehr darum, unseren Neuronen andere Wege zu erschließen, um uns neuen Dimensionen zu öffnen und in sogenannte 'höhere Regionen des Geistes'[1] aufzuschwingen. Bisher war ja nur von 'Phänomenen' die Rede. Ich aber möchte euch zu ihrem Ursprung führen, zum Geiste.

Ein verwirrendes Erlebnis

Kommen wir nun zur zweiten Geschichte, die ich euch erzählen möchte. Darin kommt keine 'romantische' alte

1) Es geht also darum, sich dem höheren Bewusstsein anzunähern. Die Gnostiker nannten es Nous.

Mühle vor und auch keine Wasserfurt. Sie ist in einem ganz alltäglichen Umfeld angesiedelt, im Hinblick auf die Wellenüberlagerung aber ebenso aufschlussreich.

Es ist noch gar nicht so lange her ... Ich war mit meiner Lebensgefährtin auf der Autobahn unterwegs. Wir fuhren nicht besonders schnell, so um die 110 km/h. Plötzlich erschien auf dem Mittelstreifen der Autobahn ein Polizeiwagen, an dem wir einfach vorbeifuhren, da wir uns ja nichts hatten zu Schulden kommen lassen.

Oje ... schon wenig später sahen wir zu unserer größten Überraschung das Polizeiauto mit Blaulicht im Rückspiegel direkt hinter uns auftauchen. Hatte das etwas mit uns zu tun? Als der Polizeiwagen dann auch noch genau auf unserer Höhe links neben uns herfuhr, konnte kein Zweifel mehr daran bestehen. Ganz offensichtlich wollte er uns auf dem Standstreifen zum Halten bewegen. Das taten wir natürlich auch ... und fragten uns, was wir falsch gemacht hatten. Kaum standen wir, zeigte ein Blick in den Rückspiegel, dass auch das Polizeiauto wenige Meter hinter uns stehen geblieben war.

In der festen Überzeugung, dass jeden Moment ein Uniformierter mich auffordern würde, das Wagenfenster herunterzulassen, hielt ich, wie es sich gehört, meine Papiere bereit. Es kam aber niemand. Also drehten wir uns kaum zehn Sekunden später um ... und hielten Ausschau nach dem Polizeiwagen. Wo war er nur hingekommen? Vor uns ... hinter uns ... rechts, links ...? Alsbald mussten wir einsehen, dass nichts und niemand mehr da war ... vor allem kein Polizeiwagen, weder mit noch ohne Martinshorn. Seltsam ...

Wir blickten uns an und versuchten zu verstehen, was geschehen war. Doch alles Grübeln war vergebens. Wir hatten beide genau dasselbe gesehen - Irrtum ausgeschlossen! Ich hielt noch meine Brieftasche in der Hand. Es war ja alles so schnell gegangen ... Links von uns fuhren vereinzelt Wagen auf der Autobahn vorbei. Fast hatte ich Lust, auszusteigen, um den Asphalt zu untersuchen, auf dem wir stehen geblieben waren. Nach drei oder vier Minuten fuhren wir schließlich weiter, machten uns aber immer noch Gedanken.

Was war uns da widerfahren? Waren wir in eine andere Zeit geraten ... mitten in ein vergangenes Ereignis, in das andere Leute verwickelt waren? Oder handelte es sich um eine sogenannte 'kollektive Illusion'? Mir ist dieser Ausdruck zu einfach. Ich finde ihn viel zu klischeehaft und als Erklärung völlig unzureichend. Es genügt ja nicht, etwas Unbegreiflichem einen Namen zu geben und es mental 'in eine Schublade zu stecken'. Damit hat man es noch lange nicht verstanden - auch wenn diese Ansicht weit verbreitet ist.

Klischeehafte Zuschreibungen überwinden – ein dringendes Anliegen

Bisher wurde uns beigebracht, das menschliche Bewusstsein könne aufgrund seiner ungezügelten Fantasie und exzessiven Gefühlswelt leicht ins Schleudern geraten - allerdings auch durch körperliche Entgleisungen, etwa Hormonschwankungen.

Ich möchte nun nicht behaupten, das sei falsch. Man darf nur nicht dabei stehen bleiben, das wäre allzu einseitig ... Es ist zu leicht, etwas als ‘Illusion’ abzustempeln, vor allem, wenn diese Etikettierung auch noch mit dem Beiwort ‘kollektiv’ ausgeschmückt wird. Meist dient sie lediglich dazu, etwas Unbequemes zu verbergen, die tiefe Unsicherheit ihrer Nutzer zu vertuschen und ihnen Bestätigung zu geben.

Um unseren Gedanken wieder aufzugreifen - was hier ‘stört’, ist natürlich die Möglichkeit, dass es andere Universen geben könnte, deren Gesetze sich unserem Verständnis entziehen. Das ist überaus unbequem. Es stellt eine ‘Realität’ und ‘Wahrheit’ infrage, die wir gerne festschreiben würden, weil wir befürchten, andernfalls die Orientierung zu verlieren - mit all ihren Annehmlichkeiten, selbst wenn wir mit dem Leben oftmals unzufrieden sind.

Unser Weg

Was mich betrifft, so ist es mein erklärtes Ziel, dazu beizutragen, derlei Orientierungspunkte aufzulösen - sowohl durch meine Methoden als auch mit dem Zeugnis dieses Buches. Nicht, um eine Leere zu schaffen, die Panik auslöst, sondern um dazu anzuregen, den Wirklichkeitsbegriff neu zu fassen und im Zuge dessen die Schönheit und Unendlichkeit des Lebensgeistes zu ermessen, der uns beseelt - durch den wir *sind*.

Sein ist jedoch etwas ganz anderes als bloßes 'Kopfdenken', das kann man drehen und wenden wie man will. Es ist schöpferisch ... Es bedeutet etwas zu erschaffen – jenseits all dessen, was wir klar von uns erfassen oder ermessen können. Schaffen, als Ausdrucksform unserer Bewusstseinsstufe – um diese zur Sprache zu bringen und erstrahlen zu lassen. Schaffen aber auch, indem wir uns endlich das riesige Kraftreservoir und all die Möglichkeiten bewusst machen, die in uns schlummern. Ich denke dabei an unser unentdecktes schöpferisches Potenzial, an die uns tief innewohnende Göttlichkeit.

Wie lange wird es wohl noch dauern, bis wir einsehen, dass wir unendlich viel mehr sind als eine weise Ansammlung von Haut und Knochen, die von Neuronen in Gang gehalten wird? Dreißig Jahre Recherche auf diesem Gebiet haben mir deutlich vor Augen geführt, dass unsere körperliche Erscheinung, also die 'messbare' Seite, nur der sichtbare Teil eines riesigen Eisberges ist. Nur sie zu sehen, ist eine grobe Verkürzung.

Verstehen beginnt mit Versenkung in sich selbst – bis hinein in das tiefste Innere unserer feinstofflichen Konstitution. Bevor wir unsere Untersuchung aufnehmen, möchte ich daher etwas zu meinen Arbeitsinstrumenten sagen, zum Heraustreten aus dem Körper und der Projektion des Bewusstseins in andere Räume. Diese Methode zur Untersuchung des Lebens setzt zunächst einmal eine Selbstuntersuchung voraus. Das muss man sich klarmachen, so widersprüchlich es auch erscheinen mag. Doch sobald die Seele ihre leibliche

Hülle verlassen hat, muss sie zunächst einmal in sich selbst eintauchen. Erst dann kann sie aus sich herausgehen. Man wird das schnell begreifen. Die Entdeckung des Universums und seiner Welten wird alsbald zur Erkundungsreise der intimsten Winkel unserer selbst. Diese Aussage ist kein rhetorisches Stilmittel, sondern eine Tatsache, etwas völlig Selbstverständliches, das letztlich zu tiefer Ruhe und Gelassenheit führt.

Daher möchte ich euch einladen, mit mir in den Ozean des Lebens einzutauchen, auf der Suche nach der Pracht und Herrlichkeit jenes Geistes, der uns alle belebt. Die Reise führt durch Welten, die wir selbst erschaffen, Welten des Traums, des Todes, veränderter Bewusstseinszustände - ganz allgemein gesagt, Welten der Maya ... zu der auch unser Sein im inkarnierten Zustand nun einmal gehört.

Auch die Welten des Gebets und der Meditation dürfen wir bei unserer 'Rundreise' nicht vergessen, ebenso wenig wie das Reich der Elementarwesen, der Archetypen und Engel ...

Eine endlose Reise also, auf der wir zwangsläufig mit dem Begriff der Zeit jonglieren müssen - mit all ihren Widersprüchen und Möglichkeiten, sich auszudehnen. Die Reise wird bei jedem anders verlaufen - je nachdem inwiefern seine Seele schon geflügelte Sandalen tragen kann.

Kapitel II

Die ersten Zugangspforten

Träume, Albträume und 'luzide Träume'

Ich erinnere mich noch lebhaft an eine ganz besondere Nacht vor etwa zwanzig Jahren ... Ich war nach Südindien gefahren und befand mich in einem kleinen Dorf, wo wir vor Hitze fast vergingen. Die Umstände der Reise sind nebensächlich. Es genügt zu wissen, dass die Unterkunft sehr einfach war. Meine zwei oder drei Reisebegleiter und ich mussten uns mit höchst dürftigen Verhältnissen bescheiden.

Es war ein großer Schuppen mit Blechdach, an dessen Ende sich ein paar schlichte sanitäre Einrichtungen befanden. Wir lehnten unsere Rucksäcke an eine Mauer. Sofern wir überhaupt noch Platz finden würden, mussten wir hier auch unser Nachtlager aufschlagen, auf mürben, staubigen Matten, die wir zuvor an der Straße gekauft hatten. Nach einem raschen Blick in die Runde überschlug ich, dass hier gut dreihundert Menschen auf engstem Raum für ein paar Tage zusammen waren. In Halbschatten und Staub lag Alt und Jung beisammen, Männer, Frauen und Kinder ... ohne

Ansehen der Person. So bildeten wir auf dem Boden ein regelrechtes 'menschliches Mosaik'.

Da es rasch dunkel wurde, mussten wir alle irgendwie damit zurechtkommen, so zusammengepfercht zu sein. Wir hatten keine andere Wahl ... stimmten also ein Konzert an, das aus lautem Gähnen, ersticktem Gelächter, Mantras, Schnarchen und noch ganz anderen Dingen bestand. Die indischen Familien fügten sich problemlos ein. Den Abendländern, zu denen wir auch gehörten, fiel das freilich ungleich schwerer. Vergeblich versuchte ich, mich auf meiner verbeulten Matratze einzurichten. Schon bald wurde mir klar, dass es eine lange Nacht werden würde. Zwei Stunden später hatte ich noch immer kein Auge zugetan. Es war stockdunkel und erstickend heiß.

Eine denkwürdige Nacht

Diesmal brachte mich wohl die Schlaflosigkeit dazu, meinen Körper ganz bewusst zu verlassen. Ich wollte einfach freier atmen und mich nicht länger mit Rücken- und Nackenverspannungen herumschlagen. Es ging nicht darum, von diesem Ort zu fliehen oder mich in eine andere Welt zu flüchten ... Ich suchte lediglich ein wenig Entspannung. Würde es mir gelingen - unter so widrigen Bedingungen? Die Umstände waren nicht gerade günstig für eine solche Übung. Doch seltsamerweise fiel es mir ganz leicht. Nach ein paar Atemübungen und Visualisierungen schwebte ich auch schon über meinem physischen Körper und betrachtete den riesigen 'Schlafsaal' durch meine Seelenaugen ... Ich weiß noch, dass ich innerlich tief aufseufzte ... Endlich konnte ich mich erholen und fernab meiner schmerzenden Muskeln von der erstaunlichen Frische des Lebensstromes des *Pranas* kosten! Damit war ich vollauf zufrieden ...

Wenn die Seele nicht mehr im Gewand aus Fleisch und Blut verankert ist, entdeckt sie alsbald ihre 'Flügel' - mit anderen Worten, ihre unendliche Freiheit und ihren alles durchdringenden Blick.

Diesen Blick hatte auch meine Seele und in jener Nacht eröffnete er ihr eine Pforte. Ich befand mich zum ersten Mal in Gesellschaft so vieler Menschen, die alle versuchten einzuschlafen oder schon tief schliefen.

Es war ein faszinierender Anblick ...

Von der Schwingungsebene aus gesehen, auf der ich mich befand - also von meinem außerkörperlichen Bewusstsein aus[2] - war unser Schuppen in sanftes, funkelndes Licht getaucht. Es wimmelte darin von Leben - in Form irisierender Lichtpartikel, die permanent in Bewegung waren. Diese Wahrnehmung war mir allerdings nicht neu. Was hingegen meine Aufmerksamkeit auf sich zog und mich faszinierte, waren Lichtformen, die auf unterschiedliche Weise aus den vielen liegenden Leibern austraten. Es war der Gesamteindruck der Seelen meiner Hundertschaft von 'Zimmergenossen'. Manche hatten ihren Körper schon vollständig verlassen und schwebten zwei oder drei Meter über ihm. Andere

2) Also vom Astralleib aus, dem 'Lichtkörper', welcher die verschiedenen Ebenen der inkarnierten Persönlichkeit zum Ausdruck bringt.

hatten sich erst teilweise von ihm gelöst und waren am Kopf, an den Füßen oder gar am Bauch noch mit ihm verbunden. Andere rutschten bloß ein wenig neben ihren Leib oder blieben locker mit ihm verbunden. Sie gehörten also zu Menschen, die nicht recht in den Schlaf fanden.

Ich hatte genügend Zeit, all die langen, mondfarbenen 'Glühfäden' zu betrachten, die fast senkrecht aus vielen Körpern aufstiegen. Sie vibrierten und sahen aus wie Schnüre von Luftballons, die gleich aufsteigen würden.

Ich wusste, dass jeder zu einer Seele und einem Bewusstsein gehörte, das sich gerade auf einer anderen Schwingungsebene befand, während der dazugehörige Körper in tiefem Schlummer lag.[3]

Einen Augenblick lang hatte ich fast Lust, dem Bedürfnis nach Schlaf nachzugeben und dieselbe Richtung einzuschlagen ... Aber irgendetwas in mir war so klar und lebendig ... ich konnte es einfach nicht dabei bewenden lassen. Ich musste die Szene weiter beobachten, um herauszufinden, was das Leben mich lehren wollte. So beschloss ich, mich in meinem Lichtkörper fortzubewegen und flog alsbald acht bis zehn Fuß oberhalb des Bodens über die Körper hinweg, die rechts und links von mir meterweise in ganz unterschiedlichen Stellungen dalagen.

3) In dieser Beschreibung lässt sich unschwer die 'Silberschnur' erkennen, von der in allen Kulturen die Rede ist. Der Astralleib ist mit dem physischen Körper durch eine Art energetischer Nabelschnur verbunden, die sich unendlich ausdehnen kann. Sie durchdringt Schwingungsräume und Bewusstseinsebenen.

Seelendüfte

Kaum hatte dieser eigentümliche Spaziergang begonnen, hatte ich auch schon eine ganze Reihe flüchtiger Wahrnehmungen, ohne recht sagen zu können, ob sie akustischer oder optischer Natur waren.

Jeder Mensch, in dessen Nähe ich kam, während ich mich fortbewegte, und sei es auch nur ganz kurz, verströmte nämlich einen 'Seelenduft' - eine Art Botschaft, die natürlich nicht an mich gerichtet war, der ich mich aber auch nicht entziehen konnte.

Ich kam mir fast vor wie ein Radio, das eine ganze Menge von Sendungen gleichzeitig empfängt, ohne eine einzelne auswählen zu können. Um ehrlich zu sein, war der Eindruck, den ich dabei gewann, eher unangenehm. Schon bald wurde mir klar, dass mein Zustand mich mit dem Inneren meiner Schlafgenossen in Berührung brachte ... also gleichsam mit den 'psychischen Blasen', die ihr Schlaf bewirkte.

Dieses Durcheinander von Stimmungen und Schwingungszuständen bewirkte einen Missklang, von dem mir fast schlecht wurde. Das war mir fremd. Ich wäre am liebsten sofort in meinen Körper zurückgekehrt. Die 'Schwingungsräume' waren nicht nur von wirren Gedanken und Bildern erfüllt, sondern auch von Gefühlen und Triebimpulsen - aufs Ganze gesehen ein Flickenteppich bar jeglicher Harmonie.

Als ich gerade so gelassen wie möglich in meinen schmerzenden Körper auf der Matte zurückkehren wollte, zogen auf einmal leise Klagelaute meine Aufmerksamkeit auf sich ... wieder und wieder ... Mit meinen Seelenaugen blickte ich um mich.

Die Klänge kamen von einer Frau aus dem Abendland. Sie mochte etwa vierzig Jahre alt sein. Als ich mich ihr näherte, sah ich ihr Gesicht. Es lagen darin Freude und Sorge – im Wechsel. Sie träumte natürlich ... Die 'Seelen-Innenlandschaften', die sie in den Tiefen ihres Bewusstseins aufspürte, ließen sich an ihrem Mienenspiel ablesen.

Erneut wollte ich zu meinem Körper zurückkehren. Doch ein machtvoller Ruf aus meinem Inneren hielt mich zurück. Es war ein Appell, fast schon ein Befehl: "Steig auf ... steig auf!"

Aufsteigen? Aber wohin? Darauf bekam ich keine Antwort, begriff jedoch intuitiv, dass ich mich von der Silberschnur leiten lassen sollte, die aus der Bauchgegend der Träumenden aufwärts führte. Diese Schnur war recht dick und vibrierte stark – Zeichen einer intensiven psychischen Aktivität.

Nun gut, ich ließ meinen Seelenkörper langsam parallel zu ihr emporgleiten. Es war ein Leichtes, das Dach der Scheune zu erreichen und zu durchdringen. Alsbald befand ich mich unter einem hinreißenden Sternenhimmel. Einen Augenblick verweilte ich voller Staunen. Dann nahm ich wieder die Silberschnur wahr, der ich gefolgt war. Sie stieg noch etwas weiter in die Lüfte und mündete schließlich in einen sanften, reich flirrenden Nebelschwaden. Das war zweifellos der Seelenleib der träumenden Frau.

Mit größtem Respekt erlaubte ich mir, mich ihm weiter zu nähern, folgte also meiner Intuition, die mich noch immer beflügelte, auch wenn ich nicht wusste, was von mir erwartet wurde.

Da wurde ich blitzartig vom Strahlen dieser Seele magnetisch angezogen. Es war wiederum ein Appell ... und ich folgte ihm. Er war so stark, dass ich flugs in sie hineingezogen wurde. Einen Augenblick lang sah ich die zusammengekauerte Gestalt der Träumenden vor mir - dann erschien mir ihr Blick - ganz offen und weit.

Die Erforschung eines Traums

Und was geschah weiter? Das ist schwer zu sagen ... es ging alles so schnell. Vor allem das Gefühl, in einen Strudel aus milchigem Licht geraten zu sein, ist mir noch inne. Und dann war ich plötzlich in einer anderen Welt. Ich begriff sofort, das es nicht 'meine Welt war', ich mich ihr aber anpassen musste, um als Beobachter in sie einzudringen ... und zu versuchen, zu verstehen. Ich befand mich in einem kleinen Hinterhof mit einem Betonboden. Er gehörte zu einem Haus aus Ziegelsteinen und war von einem Gitter umgeben, durch das Blätter- und Astwerk der Sträucher vom Nachbargrundstück hereinragten. Vielleicht war dort ein Garten oder ebenfalls ein Hof.

Außerdem kauerte da ein kleines Mädchen. Auf dem Boden lagen ein paar Puppen und ein Blechauto. Sie schaute einen kleinen Jungen an, der seine Finger durch das Gitter zu ihr hinstreckte. Alle beide wirkten wie sehr ernsthafte Erwachsene, die sich gut kannten, es sich aber nicht eingestehen wollten.

Zuerst sah ich das Mädchen an. Sie schmollte. Dann schaute ich wieder zu dem Jungen ... doch er hatte sich auf einmal in einen Jüngling verwandelt, der wütend am Zaun rüttelte, als wolle er ihn einreißen und herüberkommen. Seltsamerweise wunderte ich mich überhaupt nicht über diese Verwandlung. An dem Ort, in den ich eingedrungen war, wirkte sie völlig plausibel.

Auch das kleine Mädchen nahm auf einmal eine andere Gestalt an - und auch das erschien mir nur natürlich. Als ich sie wieder mit meinen Seelenaugen anblickte, hatte sie sich in eine junge Frau verwandelt - und die Umgebung mit ihr. Sie stand an einer Türschwelle und stieß den kleinen Jungen, der nun ein junger Mann war, körperlich zurück. In ihren Augen lag eine Mischung aus Verachtung und Lust am Spiel ... Da sah ich, wie der junge Mann langsam durch die Allee eines Gartens fortging ... Die Blätter der Bäume begannen zu fallen, wie Wassertropfen. Genau in diesem Moment hatte ich wieder das Gesicht der jungen Frau vor Augen. Es war gealtert. Ihre Augen waren voller Tränen und ihre Lippen haschten verzweifelt nach den Lippen eben jenes jungen Mannes, der selbst keine einzige Falte zu haben schien. Ein Schleier von Tränen war zu sehen ... und mir wurde klar, dass ich hier, in diesem 'Raum', der mir doch fremd war, nichts mehr zu suchen hatte.

Es überlief mich ein kalter Schauer - dann war mit einem Schlag alles verschwunden. Ich 'schwebte' wieder im Licht, leicht oberhalb von meinem Körper, musste also nur noch in meine leibliche Hülle hineinschlüpfen. Schon wenige Sekunden später tat ich es - und war glücklich darüber.

Da war also wieder unser Schlafsaal ... mit seiner erstickenden Hitze und eindringlichen 'Symphonie des Schnarchens'. Ich hörte, wie jemand aufstand, um zur Toilette zu gehen und von rechts drang zwischen abgehackten Atemstößen ein unterdrücktes Schluchzen zu mir.

Ich richtete mich ein wenig auf, stützte mich auf die Ellenbogen und versuchte, die Dunkelheit mit Blicken zu durchdringen. Daran erinnere ich mich noch. Wahrscheinlich spürte ich, dass die Unbekannte und ihr Traum irgendwo in der Nähe waren ... Der Traum war wohl zu Ende, hatte aber einen alten, längst verdrängten Schmerz in ihr aufgerührt. Über dieses ungewöhnliche nächtliche Erlebnis, bei dem ich wie 'ferngesteuert' ins Innerste einer anderen Seele einzudringen vermochte, sprach ich mit niemandem. Monatelang trieb mich die Frage um, wieso es überhaupt stattgefunden hatte. Wie sollte ich das nur deuten? Es war ja ganz spontan und unwillkürlich aufgetreten. Was wollte 'man' mir damit sagen, was sollte ich daraus lernen?

Die Dimension des Traums

Oftmals braucht es Zeit, bis unsere Fragen beantwortet werden, so auch in diesem Fall. In den beiden Jahren, die auf dieses Ereignis folgten, hatte ich mehrfach ähnliche Erlebnisse, allerdings in ganz anderem Zusammenhang. Erst ihr gehäuftes Auftreten führte mich schließlich zu einer tieferen Einsicht in den Begriff 'Dimension des Traums'.

Nicht jeder hat Gelegenheit, Bewusstseinszustände zu erfahren, die über unsere alltägliche Wahrnehmung hinausgehen oder gar 'übersinnlich' sind – überhaupt haben nicht alle Menschen das Bedürfnis danach. Die Dimensionen des Traums aber kennt jeder.

Das Wort 'Dimension' ist in diesem Zusammenhang gewiss nicht zu stark. Aus diesem Grund war mir daran gelegen, das Thema so ausführlich zu behandeln, bevor ich euch einlade, mich bei meinem weiteren Forschungen zu begleiten. Fragt doch einmal in eurem Umfeld nach, was Leute mit dem Wort 'Traum' verbinden. Bestimmt wird dabei ganz schnell der Begriff des Imaginären fallen. Vielleicht bekommt ihr auch etwas von 'diffusen, nebelhaften Regionen des Unbewussten oder Unterbewussten' zu hören. Damit glaubt man, die Sache erschöpfend behandelt zu haben, ist in Wahrheit aber völlig an der Frage vorbeigegangen. Den eigentlichen Ursprung des Traums hat man nämlich völlig außer Acht gelassen ... Dieser aber liegt im Bewusstsein selbst.

Die Einsichten, die ich euch hier vorlege, sind keineswegs endgültig oder gar dogmatisch gemeint. Sie gehen auf langjährige Erfahrungen und zahllose Einzelbeobachtungen zurück, erheben also keinen Anspruch auf Vollständigkeit ... schon allein, weil unsere Bewusstseinsfelder sich ständig erweitern.

Im Folgenden möchte ich einige Beiträge zu einem verborgenen Aspekt unseres Lebens liefern, nämlich zu den Themen Schlaf und Traum. Sie basieren auf Erlebnissen, zu denen ich im Rahmen außerkörperlicher Erfahrungen ganz spontan Zugang hatte.

Viele werden es schon wissen, oder ahnen, doch es kann nichts schaden, es noch einmal zu sagen: Wenn wir einschlafen, verlässt der 'Astralleib' – eine feinstoffliche Dimension unseres Seins, die man auch Seele oder Bewusstsein nennt - unseren Körper, bleibt aber durch die 'Silberschnur' mit ihm verbunden wie mit einer Nabelschnur. Das hatte ich ja bereits erwähnt.

Dabei löst sich der Lichtkörper in Abhängigkeit von unseren Lebensumständen und unserer Gesundheit mehr oder minder vollständig vom physischen Leib. Es kommt ganz darauf an, was uns gerade beschäftigt und welche Fantasien, verdrängten Erlebnisse oder Ängste uns umtreiben.

Bei den meisten Menschen entfernt sich die Seele - der Astralleib - nur wenige Meter vom Körper. Das reicht völlig aus. Es geht nur darum, etwas Abstand von der materiellen Welt zu bekommen.

Indem der physische Köper auf natürliche Weise stillgelegt ist, kann die Seele in einen Schwingungszustand eintauchen, der ihrer Natur eher entspricht. Sie kann dort gleichsam aufatmen und sich erholen. Das ist für ihr inneres Gleichgewicht unabdingbar.

Der Raum, in dem sie sich nun befindet, ist reich an Akasha und Prana[4]. Dies sind die beiden Grundbaustoffe unseres Universums, gleichsam die Ziegelsteine und der Mörtel ...

Inmitten dieser feinstofflichen Umgebung kann unser 'Bewusstseinsleib' wieder auftanken und 'seelische Nahrung' zu sich nehmen. Zugleich lädt er psychischen Ballast ab und erleichtert sich von den zuweilen schweren Lasten, die er im Alltag mit sich herumschleppen musste.

---

4) Das große Buch der Akasha-Chronik, Seiten 199 und folgende, vom selben Autor. Silberschnur Verlag.

Was wir Traum nennen, ist der Ort, an dem dieser grundlegende energetische Austausch stattfindet. Er ist unabdingbar für unsere Existenz.

All das ist natürlich schon weitgehend bekannt. Weniger vertraut sind die meisten Menschen mit der Frage, wie der Traum entsteht und wie seine Welt im Einzelnen aussieht. Im Hinblick auf weitere Erkenntnisse unseres geistigen Wesenskerns, kann es von großem Nutzen sein, in diesen Bereich vorzudringen.

Das Wesen des Traums

Materielle Verfasstheit und physikalische Gesetze unseres Universums basieren *auf einem völligen Gleichgewicht* zwischen *Prana* und *Akasha*. Die materielle Welt, wie sie uns entgegentritt, ist also aus der Verbindung dieser beiden 'Lichtphänomene' hervorgegangen. Sobald das Gleichgewicht im Verhältnis zwischen *Akasha* und *Prana* sich verschiebt, entsteht ein neues Schwingungsfeld, eine andere Ausdrucksform des Lebens. Entsprechend gibt es viele unterschiedliche Schwingungsfelder, also 'Pläne', nach denen das Leben abläuft. Sie folgen alle ganz eigenen Gesetzen und beinhalten eine je spezifische Auffassung von Wirklichkeit.

Wenn der Astralleib während des Schlafes den Körper verlässt, begibt er sich in ein solches Schwingungsfeld. Es ist die erste Ebene des Lebens, welche der Seele zugänglich ist. Sie enthält Teile des Akasha, die dem Prana übergeordnet sind. Dadurch ist es empfänglicher für die psychische Energie des Bewusstseins und stärker durch sie formbar als im Wachzustand.

Da ich seit über dreißig Jahren in diese Regionen einzudringen vermag, möchte ich darauf hinweisen, dass sich all diese Schichten nochmals in eine Vielfalt an 'Schwingungszonen' unterschiedlichster Sensitivität auffächern. Es gibt also unzählige Ebenen, auf denen Leben zum Ausdruck kommt und erfahrbar wird.

Doch zurück zur ersten Region, die der menschlichen Seele zugänglich ist, zum Traum ...

Ich hatte Gelegenheit, in die Träume einiger Mitmenschen einzudringen, da ich vom Leben dazu eingeladen wurde. Dabei wurde mir zunehmend klar, dass die Traumwelt mit ihrer Ausstattung und den darin erscheinenden Figuren eine Art Hologramm ist, das vom Bewusstsein des Schläfers erschaffen wird. Dennoch kann es sehr substantiell und in sich stimmig sein. Ich neige dazu, es mit modelliertem Licht zu vergleichen, das wie eine Skulptur in die von der Aura der Schläferseele geformte 'psychische Blase' eingesetzt wird.

Das dabei entstehende 'Universum' entspringt dem Innenleben des Träumers. Insofern ist es in jeder Hinsicht 'unendlich'. Jeder Traum ist also im wahrsten Sinne des Wortes eine Schöpfung. Man kann sich darin bewegen, kann 'Figuren' und Orte erschaffen und diese nach Maßgabe unseres Bewusstseinsgrades konkret ausgestalten. Der Traum setzt also eine 'Gestalt' heraus, welche das Bewusstsein gebildet hat, und macht sie sichtbar.

Anders als oft angenommen, läuft er nicht einfach wie ein Film im Menschen ab. Er ist vielmehr die Projektion einer Facette seines Innenlebens in den Schwingungsraum seiner Seele. Damit ist er ein ganz eigenes Universum, das den Gesetzen der Seele gehorcht, die ihn erschaffen hat.

Es ist eine lebendige Welt mit sehr konkreten eigenen Wertvorstellungen und Normen, in die man auch andere Seelen einladen kann.

Doch nun zurück zu jener Nacht in Indien, von der ich vorhin erzählte. Als am nächsten Morgen die Leute nach und nach aus dem Schuppen kamen, traf ich an der Tür zufällig die Frau, zu deren Traum ich Zugang gehabt hatte. Einen Augenblick lang begegneten sich unsere Blicke ... Ich wollte einfach weitergehen, sie aber sprach mich zögerlich auf Englisch an, entschuldigte sich und fragte, ob wir uns nicht schon einmal irgendwo begegnet seien. Sie wisse zwar nicht mehr wo, sei sich aber fast sicher. Am liebsten hätte ich geantwortet: "Ja, heute Nacht in einem umzäunten Hof" - wagte es aber nicht.

Diese kurze Begegnung war der erste Beweis, der mir ganz persönlich zuteil wurde, für die Richtigkeit meiner oben geäußerten Vermutung. Ein Traum ist also viel mehr als ein bloßes Trugbild. Gewiss - er ist eine flüchtige Welt, welche die Seele als Ausdrucksform innerer Erlebnisse aufbaut und wieder auflöst. Zugleich aber hat er höchst konkrete Anteile - wenn auch nicht im unmittelbaren Sinne unserer 'Wirklichkeit'. Er folgt lediglich anderen Gesetzmäßigkeiten als unsere Alltagsrealität.

Wenn man im Traum einen Tisch, eine Pflanze, ein Tier - oder einen Menschen berührt, so berührt man ihn wirklich, denn unsere Seele hat ihn aus sich herausgesetzt und direkt dem Lichtraum ihres Schwingungsfeldes eingeschrieben.

Es fällt dem menschlichen Geist ganz leicht, von einem Gedanken zum nächsten überzugehen und mal von diesen, mal von jenen Gefühlen erfüllt zu sein. Außerdem haben wir ein hervorragendes Gedächtnis. Es ist also nur einleuchtend, dass im Traum auftretende Personen und Umstände eine unmittelbare Folge unserer Empfindungen sind. Der menschliche Geist ist genuin schöpferisch. Allem, was ihn beschäftigt, verleiht er Form und Gestalt, seinen Hoffnungen und Ängsten, Hemmnissen und Gefühlen, seiner Freude, seiner Reue - allem haucht er Leben ein. Das wird auf einer bestimmten Frequenz des Lebens konkret greifbar - und zwar auf jener Schwingungsebene, mit welcher sich der Astralleib, also der Bewusstseinsleib im sogenannten REM-Schlaf oder Traumschlaf verbindet.

Diese Schlafphase dauert bei Menschen etwa 90 Minuten. Mit ihr habe ich mich vor allem beschäftigt, sofern das Leben mir Gelegenheit dazu gab.

Die Bedeutung der Chakren in den verschiedenen Traumphasen

Aufgrund dieser Beobachtungen kam ich zu dem Schluss, dass beim Menschen mindestens zwei Chakren zusammenwirken müssen, damit ein Traum entstehen kann - sich also in der Schwingungsblase der Seele ein Hologramm verdichtet. Inzwischen ist mir klar, dass die Art des Traumes von Weise und Wirkung der jeweils beteiligten Chakren abhängt.

Ein Chakra ist bei der Traumentstehung immer beteiligt, ganz unabhängig von der Person und den Umständen - und zwar das sechste. Es wird zu Recht auch 'drittes Auge' genannt.

Vom Austreten des Astralleibes scheint es unmittelbar stimuliert zu werden - mehr oder minder intensiv, in Abhängigkeit von der Schlafphase. Der Traumschlaf ist die intensivste Phase. In ihr setzt das sechste Chakra eine bestimmte Schwingung frei. Sie wird nun von dem Chakra aufgenommen, welches am empfänglichsten dafür ist. Dies ist meist auch gerade am aktivsten. Im Prinzip kommt außer dem siebten jedes dafür infrage ... Damit hat es nämlich eine bestimmte Bewandtnis, auf die wir später zu sprechen kommen.

Nach meiner Beobachtung sind meist das zweite, dritte oder vierte Chakra am empfänglichsten für die vom sechsten ausgehende Energiewelle. Meist 'antwortet' nur ein Chakra, manchmal zwei, im Ausnahmefall auch drei.

Mit 'antworten' meine ich, dass ein entsprechender Energieimpuls ans sechste Chakra zurückgesandt wird ... das wiederum Antwort gibt ... und so weiter. Auf diese Weise entsteht ein von beiden Chakren hervorgerufener Wellenzug. Er entscheidet über die Art des entstehenden Traumes. Dabei scheint das sechste Chakra für die Entstehung des Hologramms selbst verantwortlich zu sein, während die anderen über den Inhalt bestimmen - die Schwingungsfrequenz, also die ganze Palette an Gefühlen,

Stimmungen und Instinkten. Antwortet nun das zweite Chakra, wird der Traum von triebhaften Seiten der Persönlichkeit geprägt sein. Das ist nur naheliegend. Antwortet hingegen das dritte Chakra, so wird der Traum mit Affekten und Emotionen zu tun haben, im Falle des vierten Chakras, des Herzchakras, werden Situationen auftreten, die überwiegend gefühlsbetont sind. Freilich können sich im Laufe eines Traums verschiedene Phasen abwechseln. Das ist mir aufgefallen. Entsprechend können die genannten drei Chakren jederzeit in beliebiger Reihenfolge hereinwirken und die Welt formen, welche der Träumer in sich entstehen lassen muss.

So war es auch in dem erwähnten 'indischen Traum'. Auch dort ließ die Frau, die ihn erlebte, zunächst ihre affektive Seite sprechen und beschwor eine wichtige Szene ihrer Kindheit herauf. Dann kamen Liebesgefühle zu Wort. Sie ließ den kleinen Jungen aus Kinderzeiten als Erwachsenen auftreten und stellte sich eine Szene aus der Vergangenheit vor Augen, in der sie seine Avancen zurückwies ... Das schien sie später bereut zu haben. Darauf weisen die Auflösungserscheinungen in der Umgebung hin. Plötzlich fallen die Blätter von den Bäumen. Sie gemahnen an die Kraftlosigkeit eines 'Seelenherbstes'.

Im letzten Teil des Traumes ist der libidinöse Aspekt bestimmend. Die Träumerin erschafft das Hologramm eines Kusses ... der ihr jedoch nicht zuteil wird. Darin lässt sich eine Art Selbstbestrafung sehen. Sie scheint nun bitter zu bereuen, eine Gelegenheit verpasst zu haben. Sie ist gealtert, das Gesicht des Mannes jedoch unverändert jung wie einst.

Das verweist auf die Kluft zwischen ihrem Selbstbild und dem Idealbild des Geliebten, den sie damals abwies.

In der allerletzten Szene war wohl wieder das Herzchakra aktiv. Es fließen Tränen. Schließlich überträgt der Körper die Überfülle an Schmerz in einen Weckreiz.

Die Frau erwachte abrupt aus tiefem Schlaf, erinnerte sich also bestimmt noch an alles, was sie im Traum erschaffen hat. Das ist fast immer der Fall, wenn Träume in der REM-Phase unterbrochen werden. Sie bleiben einem dann sehr lebhaft in Erinnerung. Insofern ist es nicht verwunderlich, dass die Frau mich 'erkannt' hat, auch wenn sie mich nicht mit ihrem Traum in Verbindung bringen konnte.

Eine unbekannte Kraft hatte mich dazu gebracht, in eine Schöpfung ihres Bewusstseins einzudringen. Sie hatte meine Anwesenheit zweifellos gespürt, mich aber nicht erkannt, da ich völlig neutral geblieben war.

Symbole und Egregoren

Bevor wir unsere Entdeckungsreise in die Dimensionen und Welten fortsetzen, welche die Seele erschafft und besucht, möchte ich noch einmal auf das Bild der fallenden Blätter am Ende des Traumes, den ich als Beispiel ausgewählt hatte, zurückkommen.

Es handelt sich ganz offensichtlich um ein Symbol, übrigens das einzige, auf das die Träumerin zurückgreift. Die anderen Szenen gehen eher auf Erinnerungen zurück, mit Ausnahme der letzten Szene, die ihre Enttäuschung angesichts der verpassten Chance zum Ausdruck bringt.

Symbole werden möglich, weil das Bewusstsein im Zustand der Traumerschaffung aus dem Energiereservoire sogenannter Egregoren schöpft. In diesem Zusammenhang ist es wichtig, den Begriff 'Egregor' richtig zu verstehen. Es handelt sich dabei um eine ganz eigene Welt. Sie ist von 'Kraftbildern' erfüllt, die in einen Schwingungsraum eingeschrieben sind, welcher vom menschlichen Bewusstsein seit Urzeiten erzeugt wird.

Diese 'Kraftbilder' verbinden sich auf ganz natürliche Weise zu 'energetischen Familien', die man Egregoren nennt. Es gibt also sehr viele Egregoren - solche der Angst, der Liebe, der Wut, der Begeisterung, der Begierde, der Gewalt, der Freude usw.

Die 'Kraftbilder' sind im Grunde Symbole, die aus einer Fülle von Gedankenformen hervorgegangen sind. Möchte eine Seele im Traum nun in aller Kürze ausdrücken, was in ihr vorgeht, kann sie aus dem Fundus der Symbole schöpfen, die dem Schwingungsraum des Egregors ihrer momentanen Verfassung entsprechen.

Und auf welchem Wege kommt das Hologramm dieses Symbols zu ihr? Durch den Kanal des Chakras, das ihren Traum beherrscht.

Es ist also nicht weiter verwunderlich, wenn in einem Traum sowohl persönliche Erinnerungen also auch Elemente kollektiver Bildlichkeit vorkommen. Das sollte nun klar geworden sein.

Der Träumer ist ein Schöpfer ganz eigener Art. Er verwendet die aus *Prana* und *Akasha* bestehende 'universelle Materie des Lichts', konstruiert daraus, was in ihm lebt und setzt es aus sich heraus. Dabei geben ihm Egregoren mit ihren Symbolen weitere Werkzeuge an die Hand.

Albträume

Auf unserer Reise in die Welt der Träume müssen wir uns auch mit Träumen auseinandersetzen, denen schon aufgrund ihrer Intensität eine ganz besondere Bedeutung zukommt – den Albträumen.

Wenn man aus einem Albtraum erwacht, steht er einem meist noch hochkonkret vor Augen. Allein das sollte Anlass genug sein, einmal darüber nachzudenken, welchen Status der Trauminhalt eigentlich hat und in welche Dimensionen er führt. Genau wie bei anderen Träumen auch, handelt es sich dabei keineswegs um unbedeutendes, wirres Geplänkel.

Mehrere Menschen, die unter chronischen Albträumen litten, haben mich um Hilfe gebeten. So konnte ich das Phänomen im Lauf der Jahre im Rahmen außerkörperlicher Erfahrungen eingehend studieren.

Dabei habe ich zunächst einmal festgestellt, dass die Seele – oder, wenn man so will, 'der Astralleib' – eines Menschen, der von einem Albtraum heimgesucht wird, sich höchstens zwei oder drei Meter von seinem Körper zu entfernen vermag. Häufig konnte ich sogar beobachten, dass ein Teil des Astralleibs mit einer bestimmten Körperregion verbunden bleibt, oft mit den Füßen, dem Bauch oder dem Genitalbereich.

Allein diese Beobachtung macht deutlich, dass eine zu starke Verankerung in der Materie - vielleicht eine zu niedrige Schwingungsfrequenz - die Seele daran hindern kann, sich in höhere Regionen des Bewusstseins aufzuschwingen. Wodurch aber wird diese ungewöhnlich niedrige Schwingung ausgelöst?

Nun, sie kann auf tief sitzende Sorgen oder Ängste zurückgehen, auf ein traumatisches Erlebnis, ein Ereignis, das entsprechend erlebt wurde oder ganz einfach auf falsche Ernährung.

Wenn jemand von Natur aus - oder zumindest schon lange - Vegetarier ist, aus gesellschaftlichen Gründen nun aber Fleisch essen muss, kann er mit Albträumen darauf reagieren.

Warum? Weil zwischen 'Seelenleib' und physischem Leib ein energetisches Band besteht, das traditionell Ätherleib genannt wird. Dies ist unmittelbar mit dem Blut verknüpft. Die Zusammensetzung des Blutes kommt also auch im Ätherleib zum Ausdruck.

Niedere Instinkte werden bekanntlich vom Blut aufgenommen und weitergegeben. Insofern ist es völlig einleuchtend, dass Fleisch in einem Organismus, der an vegetarische Nahrung gewöhnt ist, wie ein Fremdkörper wirken muss, einem reibungslosen Funktionieren also entgegensteht. Es klafft dann eine Kluft zwischen dem feinstofflichen

Schwingungsniveau dieses Organismus und der Schwingungsfrequenz des Leibes und Blutes des gegessenen Tieres.

Entsprechend habe ich von Vegetariern, die gezwungen waren, Fleisch zu essen, immer wieder Albträume zu hören bekommen. Sie hatten nach dem 'Genuss' von etwas Fleisch geträumt, ein von Jägern verfolgtes Tier oder aber ein von Tötungsdrang besessener Mensch zu sein.

Die meisten Albträume, die ich im Zuge außerkörperlicher Erfahrungen zu sehen bekam, waren von einer völlig chaotischen Ausstrahlung der ersten drei Chakren bestimmt. Zuweilen konnte ich sogar beobachten, wie sich die ersten sechs Chakren gegenseitig geradezu mit Wellen bombardierten. Aus diesem Missklang entstanden völlig verzerrte Hologramme, die sich ineinander verkeilten. So entstehen also die irrwitzigen Situationen, welche der Träumende dann erlebt.

Wir dürfen nicht vergessen, dass jedes Chakra eine ganz eigene Welt darstellt. Es hat seine speziellen Erinnerungen und verbindet das Bewusstsein mit Lebensdimensionen, die seinen Eigenheiten entsprechen.

Ein Mensch, der körperlich oder seelisch von Unfrieden heimgesucht wird, ist wie jemand, der mit der Fernbedienung seines Fernsehers nicht umgehen kann. Er drückt auf alle möglichen Knöpfe, zappt wahllos durch die Kanäle und bekommt doch nur Fetzen zu sehen. Das macht er so lange, bis die Anlage schließlich völlig verstellt ist.

Die Masken

So viel zu Albträumen im Allgemeinen. Allerdings gibt es noch eine Sonderform, die ich nicht übergehen möchte, weil ihre Entstehung so faszinierend ist. Zunächst entwickelt sie sich aus dem Hologramm eines gewöhnlichen Traums.

Um die Sache etwas anschaulicher zu machen, möchte ich einen dieser Träume vorstellen. Geträumt wurde er im Laufe dreier Monate immer wieder von einem Mann, der ihn mir selbst erzählte.

Die Anfangsszene war stets angenehm. Sie spielte an einem entspannten Abend unter Freunden in seinem Haus. Champagner, Kuchen, leise Musik ... Unter den Anwesenden waren Bekannte aus seiner Jugend, aber auch seine geliebten Eltern, die nicht mehr Teil seines Lebens waren.

'Seine Wohnung' war viel weitläufiger als in Wirklichkeit. Während er mit einem Glas in der Hand plaudernd umherging, entdeckte er immer neue, unbekannte Zimmer.

Doch dann kam auf einmal seine Partnerin auf ihn zu, genauer gesagt, seine neue Lebenspartnerin. Sie lebten erst seit einem Jahr zusammen. Zugleich schien das Wohnzimmer sich geleert zu haben, die Gäste waren verschwunden. Die junge Frau schmiegte sich sanft an ihn, als wolle sie ihn umarmen.

Da sah er plötzlich die Klinge eines Messers aufblitzen. Zum Handeln war es zu spät ... Bruchteile von Sekunden später durchbohrte ein fürchterlicher Schmerz seinen Rücken, genau auf der Höhe der Nieren. Seine Partnerin hatte ihn erstochen ... An dieser Stelle endete der zum Albtraum mutierte Traum. Der Mann erwachte – verständlicherweise von tiefster Angst erfüllt. Er wagte nicht seiner Freundin, die friedlich neben ihm lag, davon zu erzählen. Die beiden verstanden sich im Grunde sehr gut.

Was ihn aus dem Schlaf gerissen hatte, war natürlich gerade die Konkretheit dieses schrecklichen Traums, die bis hin zu körperlichen Schmerzen reichte. Das beunruhigte ihn sehr. Sollte seine neue Frau etwas gegen ihn im Schilde führen? War das vorstellbar? Sollte er durch eine schützende Kraft gewarnt werden?

Der Mann erzählte mir seinen wiederkehrend schlimmen Traum aber nicht, um eine Antwort auf diese Frage zu bekommen. Er suchte vielmehr Bestätigung für das, was er davon verstanden zu haben glaubte. Dazu berichtete er Folgendes:

"Eines Nachts, als ich wieder in den Rücken gestochen worden war, ging die Geschichte anders weiter. Ich erwachte nicht sofort - und so sah ich, wie meine Partnerin zwei Schritte zurücktrat, um sich von mir frei zu machen. Da geschah etwas Unglaubliches. Ihr Gesicht begann sich zu verändern ... Es verwandelte sich vollkommen und wurde schließlich zum Gesicht meiner früheren Frau. Es wurde zur Grimasse, löste sich auf und verschwand. Erst dann erwachte ich."

Das war also die Antwort auf seine Frage - eine höchst sprechende Antwort.

Nun sind Träume wie gesagt Hologramme. Man muss sie sich also räumlich vorstellen, begrenzt von Wänden, die potenziell durchlässig sind. In den 'indischen Traum' konnte ich damals ja auch eindringen. Zwar wurde ich gewiss von einem Wesen dazu eingeladen, dass mich etwas lehren wollte. Aber ist es nicht grundsätzlich vorstellbar, dass man unter bestimmten Bedingungen die Schwelle überschreiten und in eine private Traumregion eindringen kann?

Ich würde diese Frage ohne zu zögern bejahen. Genau das ist hier geschehen.

Getrieben vom starken Willen, einem Menschen zu schaden, kann ein Bewusstsein mit bösen Absichten in dessen Traumwelt eindringen ... und dort höchst beunruhigende Bilder hinterlassen. Das ist durchaus möglich.

Dieses Phänomen ist im Abendland kaum bekannt. Wer sich jedoch näher mit den Möglichkeiten des menschlichen Bewusstseins und des Unbewussten beschäftigt, dem ist es vertraut.

Eine Seele kann eine 'Maske' anlegen und die Erscheinung einer anderen Seele annehmen.

Zum Glück steht diese Fähigkeit nicht jedem zur Verfügung. Sie basiert auf einer tief sitzenden Bosheit - so viel kann man doch sagen, ohne weiter ins Detail zu gehen.

Diese Bosheit wirkt im Schlaf, manchmal bewusst, zuweilen aber auch ohne, dass man sich so recht daran erinnert, jedenfalls ist es so. Dabei handelt es sich im wahrsten Sinne des Wortes um eine 'psychische Verschmutzung'. Es ist ein parasitäres Vorgehen, mit dem Ziel, den anderen zu schwächen, zu verletzen oder gar zu zerstören.

Ich möchte auf dieses Phänomen und Tun nicht näher eingehen, wollte aber zumindest darauf hinweisen, dass es vorkommt. Wissen befreit, es löst uns aus den Verstrickungen der Angst - die unser Bewusstsein unterjocht.

An diesem Beispiel lässt sich sehr schön ablesen, wie formbar die 'astrale Materie' - wie ich sie nenne - doch ist. Wir gestalten sie mit unserer Psyche und geben ihr die Form, welche unserer aktuellen seelischen Verfassung entspricht.

Die Seele kann also nicht nur eine Kulisse erschaffen, die ihrer Schwingungsfrequenz und ihren Bedürfnissen entspricht, sondern auch ihre Erscheinungsform verändern. Sie kann sich jünger oder älter machen und - von wenig löblichen Absichten angestachelt - sogar die Züge eines anderen annehmen.

Wie 'rein' ein Leben in der materiellen Welt ist, wirkt sich also auch auf die feinstofflichen Dimensionen aus ... allen voran auf den Traum.

Wer häufig Träume voller Ungereimtheiten, Leid und Schmerz erlebt, sollte daraus jedoch nicht schließen, dass er eine 'besonders hässliche Seele' hat, wie ich zuweilen sagen hörte.

Angst und Leid sind im Universum des Traums zwar durchaus Ausdruck einer gewissen 'Verunreinigung' des Bewusstseins, nicht aber unbedingt einer niedrigen Schwingungsfrequenz der Seele. Eine 'Verschmutzung' ist nichts weiter als eine 'Verschmutzung'. Über das Wesen des Menschen sagt sie nichts aus. Der Traum weist auf diesen Zustand hin und lädt uns ein, ihn zu beheben. Diese Aufgabe lässt sich mit geeigneten Therapien angehen, in erster Linie aber mit Bewusstwerdung und spirituellen Übungen.

Nun sollte klar geworden sein, was für eine wichtige Rolle die Räume spielen, welche die Seele im Schlaf erschafft und aufsucht. Bereits die alten Kulturen legten viel Wert darauf... und manche Kulturen bis heute. Diese Welten zeigen gewissermaßen, wo wir in unserer Entwicklung stehen. Sie entlasten uns von übermäßigem Ballast und weisen uns den Weg.

Luzide Träume

Doch wir wollen nicht länger in den zwielichtigen, zuweilen auch leidvollen Zonen verweilen, welche die Seele im Unsichtbaren webt. Wenden wir uns lieber einer lichtvolleren, freundlicheren Region zu, den hellsichtigen Träumen.

Und doch hatten viele Menschen schon einmal oder gar mehrmals im Leben ein unvergessliches 'höheres Erlebnis' von eindrücklicher Schönheit, das eine tiefe Sehnsucht im Herzen hinterlassen hat.

Als Beispiel möchte ich einen Traum anführen, den mir ein Freund vor vielen Jahren erzählt hat. Er stand damals am Anfang einer Karriere, die ihm einen hohen Bekanntheitsgrad einbringen würde ... was er freilich noch nicht wusste.

Ich gebe seinen Bericht aus der Erinnerung wieder:

"Ich stand unten am Absatz einer sehr breiten und hohen Steintreppe. Als ich den Blick hob, sah ich, dass sie zu einem mächtigen, überaus majestätischen Gebäude emporführte. Von seinen Ausmaßen und seiner ganzen Anmutung her gemahnte es an einen griechischen Tempel. Es war aus weißem Marmor, genau wie die Stufen. Im tiefsten Inneren wusste ich, dass es eine Oper war und ich hineingehen musste ... Kaum hatte ich den Gedanken zu Ende gebracht, erklang wundervolle klassische Musik, ein ganzes Orchester, begleitet von einem Chor himmlischer Stimmen. Sie drang von allen Seiten auf mich ein und erfüllte mich mit ihrer Kraft und erhabenden Schönheit.

Da sah ich plötzlich, dass meine Arme sich in zwei riesige weiße Flügel verwandelt hatten ... Es waren nun die ausgebreiteten Flügel eines Albatros. Ihre Spannweite war so groß, dass sie auf beiden Seiten bis auf die Treppen herabhingen, die ich zu erklimmen versuchte. Und sie waren so schwer, dass ich sie kaum schleppen konnte. Es gelang mir nicht, mich mit ihnen zum Opern-Tempel emporzuschwingen.

Da schwoll der himmlische Gesang mächtig an, verdoppelte seine Kraft und Schönheit, während ich von heftigster Trauer und Sehnsucht eingehüllt wurde. Das Gefühl war so intensiv, dass ich es bis heute in mir trage. Meine ganze Seele war in einen unbeschreiblichen Zustand geraten, der mir bislang unbekannt war. Sie befand sich auf dem Grad zwischen Leid und Ekstase. All das war leicht und schwer zugleich, voll Trauer und Glück. Da erwachte ich mit einem

Male mitten in der Nacht. Seitdem ... lebe ich mit dem Licht, den Bildern und Gesängen dieses Helltraumes. Er begleitet mich ständig."

Wenn man mitten in der Nacht eine solche Szene 'erlebt' und ihre ganze emotionale Ladung in einem nachklingt, ist es unmöglich zu sagen, man hätte das 'einfach nur geträumt'. Man weiß dann einfach, dass man mit 'etwas ganz Anderem' in Berührung gekommen ist - es also mit einem luziden Traum zu tun hat, der unser höheres Bewusstsein anspricht.

Was ist hier passiert? Worin unterscheidet sich ein 'Helltraum' von einem einfachen Traum?

Versuchen wir zuerst einmal zu verstehen, was auf feinstofflicher Ebene abläuft. In diesem Fall konnte ich das Geschehen leider nicht mit eigenen Augen verfolgen.

Nächtliche Träume lassen sich bei jedem Menschen studieren, nicht aber hellsichtige Träume. Sie sind eine Seltenheit und treten völlig unverhofft auf - das ist gerade kennzeichnend.

Was ich im Folgenden dazu sage, habe ich von Lichtwesen, denen ich bei außerkörperlichen Erlebnissen begegnet bin.

Ein luzider Traum entsteht aus einer Interaktion zwischen dem sechsten und siebten Chakra, die in bestimmten Schlüsselmomenten des Lebens auftritt.

Es kommt vor, dass die Intuition des Stirnchakras, das eng mit der Hypophyse verbunden ist, besonders aktiv ist. Es wird übrigens auch 'drittes Auge' genannt.

Dies ist dann so stark stimuliert, so hellwach ..., dass es eine Anfrage an das Göttliche sendet und zwar in Form einer ganz bestimmten Schwingung, deren Welle sogleich vom siebten Chakra aufgenommen ... und beantwortet wird. Die Schwingung geht hin und her, bis ein regelrechter energetischer Dialog zwischen den beiden Zonen zustande kommt. Daraus entsteht schließlich eine Lichtblase in Form eines Hologramms.

Diese Blase hat ein sehr hohes Vibrationsniveau. Sie tritt nun in Verbindung zum Universum des Egregors der Symbole und Archetypen. Unterstützt vom sechsten Chakra holt nun das siebte Chakra - also das Chakra des voll entfalteten Bewusstseins - aus dieser Welt Elemente und Informationen. Sie müssen in den Wachzustand überführt werden, um dem Menschen als Leitbilder zu dienen.

Es besteht nämlich eine sehr enge Bindung zwischen der flammendhellen, weitläufigen Region des siebten Chakras und dem Universum des Akasha. Dieses ist ja nicht nur ein gigantisches Gedächtnis, sondern auch der Bereich dessen, was in Zukunft aller Wahrscheinlichkeit nach eintritt.

Daraus folgt, dass ein luzider Traum durchaus prophetische Hinweise enthalten kann, zumindest auf das eigene Leben. Das wird im genannten Beispiel recht deutlich, wo sich Vorzeichen des sozialen aber auch inneren Aufstieg des Träumenden finden. Sein Bewusstsein greift auf eine Symbolik zurück, die kaum deutlicher sein könnte.

Das Bild der aufsteigenden Treppe spricht für sich. Auch die Oper ist leicht zu deuten, sowohl als Gebäude als auch im Hinblick auf die Musik - bedeutet das Wort 'Oper' etymologisch doch 'Werk'. Der Träumende steht fraglos am Anfang seines Lebenswerks.

Die Szene, in die er hineingestellt ist, führt ihm dieses Werk in seiner ganzen Schönheit vor Augen - verweist aber auch auf die Schwierigkeiten, mit denen er zu kämpfen haben wird. Die riesigen Albatrosflügel bringen beides zum Ausdruck, sowohl das Luftig-Leichte der zu vollendenden Arbeit als auch die notwendige Überwindung der materiellen Schwere.

Ich möchte den Traum nicht vollständig analysieren, sondern nur deutlich machen, welche Ausmaße Hologramme annehmen können, die von den höheren Seelenschichten gebildet werden.

Es handelt sich wie gesagt nicht um eine Illusion. Vielmehr setzt das Bewusstsein im Zuge seiner Entwicklung aus sich heraus, was in ihm lebt und macht es sichtbar. Es gestaltet seine Zukunft also mit.

Auch das erste und fünfte Chakra können an der Bildung eines luziden Traums beteiligt sein. Das wurde mir mitgeteilt.

Die Sphäre des fünften Chakras ist auf die Welt des Klangs und das 'schöpferische Wort' ausgerichtet. Entsprechend ist es für Töne und Musikalität des luziden Traumes zuständig. Das leuchtet unmittelbar ein.

Das erste oder Wurzelchakra kommt manchmal durch einen Impuls des siebten Chakras hinzu. Es hat die Aufgabe, die *Kundalini*-Region zu stimulieren. Dabei geht es nicht um einen rein sexuellen, triebhaften Impuls, sondern um eine energetische Entladung, mit dem Ziel, 'oben' und 'unten' zu verbinden - also um nichts Geringeres als eine Vermählung unseres Wesens mit dem Kosmos und seine geistige Vollendung. Der ekstatische Helltraum steht also in unmittelbarer Verbindung zum Göttlichen.

Große Mystiker berichten immer wieder von solchen Erlebnissen. Sie ringen dann oft nach Worten, um der Sache halbwegs gerecht zu werden. Abschließend sei erwähnt, dass sich die Hologramme einiger besonders wichtiger luzider Träume nicht auflösen, sondern wie Juwelen in der feinstofflichen Region, in der sie aufgetreten sind, zurückbleiben. Sie verweilen dort als Mahner und Quellen innerer Einkehr der Menschen, die sie durchlebt und erschaffen haben. Auch das wurde mir beigebracht.

Viele große Gesandte für die Menschheit - nicht nur im spirituellen Bereich - kehren bewusst oder unbewusst gelegentlich zu den Hellträumen zurück, die ihnen einst geistige Nahrung gaben. So bleiben sie mit der Quelle verbunden und finden Unterstützung für ihr Vorhaben. Das Schwingungsfeld ihres luziden Traums dient ihnen als lichtvolle Heimat. Hier kann ihre Seele Kraft schöpfen und sich neu auf ihren Weg ausrichten.

Die sogenannten Traumwelten sind höchst konkrete, getreue Projektionen unseres Inneren in bestimmte Schwingungsfelder des 'Lebensraumes' unserer Seele.

Das gilt für bedrückende ebenso wie für die lichtesten Träume. Auch noch unsere flüchtigsten Wohnorte sind Abbilder unserer selbst. *Wir bewohnen, was in uns wohnt.*

Kapitel III

Aufenthaltsorte der Seele nach dem Tod

Eine 'Behausung' erwartet uns unweigerlich alle: der Tod. Darüber wird in unserer Kultur kaum gesprochen ... so absurd diese Verweigerung einer abendländischen Gesellschaft, die sich für 'reif' hält, auch ist. Wir meiden Gespräche über den Tod wie die Pest – als sei allein die Erwähnung des Wortes ansteckend. Das hängt wohl vor allem mit den Konnotationen des Begriffs zusammen. Unser modernes Abendland tut sich in der Tat schwer, den Tod nicht nur als 'endgültige Niederlage' zu sehen – als das Ende des Lebens.

Das ist der Kern des Problems. Wir haben verlernt, hinter die Erscheinungen zu blicken und 'zwischen den Zeilen des Lebens zu lesen'.

Inzwischen hat sich natürlich eine ganze Reihe von Büchern an die Frage herangewagt. Mit dem Ziel, Ängste abzubauen, setzen sie sich ganz offen mit dem Thema auseinander.

Darum möchte ich hier nicht erneut darauf eingehen, wie die Seele den Körper verlässt, um sich an ihren neuen Aufenthaltsort zu begeben. Das ist bereits ausführlich beschrieben worden. Im Bericht meiner außerkörperlichen Erfahrung, die dem 'indischen Traum' vorausging, bin ich ja bereits kurz darauf eingegangen.

Nein, ich möchte euch vielmehr mit Welten vertraut machen, in welche die Seelen nach dem Tode gelangen. Das erscheint mir mindestens ebenso wichtig, wie die Ereignisse im Moment des Sterbens selbst. Warum? Weil das 'Danach' eng mit dem 'Davor' zusammenhängt, also damit, wie wir jetzt gerade leben - jeden einzelnen Augenblick. Wie auch der Traum bestimmte Aspekte unserer 'Innenwelten' spiegelt, ist das sogenannte 'Jenseits' aus Dingen aufgebaut, die in unserem Herzen und Denken zu Hause sind. Im Grunde heißt das: Es gibt keine einheitliche 'Welt nach dem Tode' - sondern viele verschiedene Welten.

Genau wie Träume als Produkte der Seele, ist auch das 'Jenseits' äußerst vielgestaltig. In diesem Sinne erschafft jede Seele 'ihr eigenes Haus', ebenso wie sie ihre eigenen 'Traumblasen' bildet.

Dieser Punkt ist mir wichtig, denn so lange man rein intellektuell an die Sache herangeht, fehlt unserem Bewusstsein ein wesentliches Element, um weiterzukommen.

Wenn ich mir Gespräche über dieses Thema anhöre oder gelegentlich selbst daran teilnehme, muss ich immer wieder feststellen, dass viele Menschen, die an ein Leben nach dem Tode glauben, meinen, die Seele würde direkt ins Licht gehen, sobald sie sich ihrer leiblichen Hülle entledigt hat.

Die Ansicht ist weit verbreitet, das Bewusstsein würde sich sofort ausdehnen, um in einen Zustand der Leichtigkeit und des umfassenden Verständnisses überzugehen. Man meint, es würde direkt in eine Welt der Schönheit eintreten, in ein paradiesisches Universum, in dem es sich endlich erholen kann ...

Das kann durchaus stimmen. Ziel einer befreiten Seele, die ihre irdische Last hinter sich gelassen hat, ist ja wirklich, in höhere Sphären aufzusteigen. Es *kann* stimmen - ist aber nicht zwangsläufig so. Schließlich sind die wenigsten von uns völlig frei von irdischen Gelüsten, entsprechend also an die materielle Welt gebunden.

Die meisten Seelen unserer Menschheit leben nach wie vor in einem Dämmerzustand des Bewusstseins - selbst Menschen mit den besten Absichten. Sie sind sich über ihre Prioritäten noch nicht ganz im Klaren, ihre Werte sind noch nicht hinreichend gefestigt. Dieser Mangel an Reinheit im Diesseits begleitet die Seele natürlich auch ins 'Jenseits'. Sie setzt dann das Hologramm des zwielichtigen irdischen Zustandes, von dem sie sich nicht befreien konnte, aus sich heraus. Das ist nur folgerichtig.

Diese so unterschiedlich ausgestatteten 'Seelenumgebungen' machen einen wesentlichen Bestandteil der 'vielen Wohnungen im Hause des Vaters' aus. Sie entsprechen je einem Bewusstsein und einer bestimmten Wahrnehmung mit all ihrer Sensibilität.

Die indische und tibetische Tradition hat sich besonders intensiv mit der Frage beschäftigt, was eine Seele durchmacht, die gerade die Schwelle des Todes überschritten hat. Diese

Zustände - die uns wie Orte vorkommen - nennt man *Lokas*. Der Ausdruck stammt aus dem Sanskrit. Er verweist ausdrücklich darauf, dass die Seele stets in ihrem eigenen Schwingungsfeld *lokalisiert* ist.

Im Zuge meiner ersten großen außerkörperlichen Erfahrungen bin ich mehrfach in *Lokas* von Seelen eingedrungen, die mehr oder minder lichtvoll, aber noch von irdischen Gewohnheiten und Gelüsten eingenommen waren. Zur Verdeutlichung möchte ich besonders auf das Wichtigste unter ihnen eingehen, das *Kamaloka*.

Das Kamaloka

Im Folgenden gebe ich einen knappen Bericht eines meiner entscheidenden Vorstöße in diese Welten wieder. Kaum hatte ich meine leibliche Hülle verlassen, trachtete meine Seele danach, die Spur einer Frau um die Fünfzig wieder aufzunehmen. Ich hatte sie etwa ein halbes Jahr zuvor in ihren letzten Minuten begleitet. Sie war an Krebs gestorben und ich bezweifelte, dass es ihr schon gelungen war, sich den Verlockungen unserer Welt zu entziehen.

Wie fand ich sie nun? Das ist schwer zu sagen. Wohl einfach durch 'Anziehung' ... indem ich versuchte, mich wieder auf den Gleichklang einzuschwingen, der ansatzweise zwischen uns bestand, als ich ihr geholfen hatte, die Todesschwelle zu überschreiten. Jedenfalls befand sich mein Bewusstsein auf einmal in einem Zeit-Raum, der wie ein

Büro eingerichtet war. Hier fand ich die Gesuchte. Sie saß vor einer Schreibmaschine und schrieb auf einem Kopfbogen einen Brief, umgeben von anderen Frauen und auch ein paar Männern. Die meisten waren ebenfalls mit administrativen Tätigkeiten beschäftigt. Die Geräuschkulisse war geprägt vom Geklapper der damaligen Schreibmaschinen und heiterem Geplapper zwischen den Arbeitsplätzen. Es waren nur fröhliche Gesichter zu sehen, hie und da wurde Kaffee oder Tee getrunken, in gewisser Weise war es die schönste Büroatmosphäre, die sich nur denken lässt. Entspannt und gut gelaunt wurde hier gearbeitet. Doch plötzlich veränderte sich der Gesichtsausdruck der Frau, die ich beobachtete, radikal. Sie hob den Blick von den Tasten der Maschine und schien auf einmal an etwas ganz anderes zu denken. Dann stand sie auf, nahm die braune Lederhandtasche, die zu ihren Füßen am Boden stand, verabschiedete sich von den Kollegen und ging zügig zur Tür. Ich konnte nicht anders, ich musste ihr einfach folgen ... Übergangslos befand sie sich sogleich in einer kleinen Ladengalerie, die wohl nach dem Vorbild von Einkaufszentren entstanden war, die es auch damals schon gab. Nun trug sie keine Handtasche mehr, sondern schob ganz lässige einen Einkaufswagen vor sich her, der auf die kleinste Bewegung reagierte, so locker liefen seine Räder. Sie ging von einem Geschäft zum nächsten und langte rechts und links nach allem, was ihr gefiel. Ein Kleid, ein paar hochhackige Schuhe, eine Kaffeemaschine, ein Buch und ein riesiger Ring ... All das stapelte sich in ihrem Wagen, ohne dass sie irgendetwas dafür ausgeben musste. Ich wurde Zeuge des leichtesten Einkaufs, den man sich vorstellen kann – völlig frei von Zweifel und Zögern.

Ein Lächeln lag auf allen Gesichtern, die einem in den Läden und einzelnen Abteilungen zufällig begegneten. Ich bewegte mich also inmitten von 'gut geölten' sozialen und wirtschaftlichen Abläufen. Alles war ganz einfach ... zu einfach. Bald drängte sich mir der Gedanke auf, dass es viel zu besänftigend, ja geradezu einschläfernd war. Daran erinnere ich mich genau.

Außerdem fiel mir das Gesicht der Frau auf, der ich folgte ... Mit dümmlich selbstgefälligem Ausdruck schien es in einem Zwischenraum erstarrt zu sein, fast schon eine Karikatur. Jedenfalls wirkte sie völlig bewusstseinsleer in den Annehmlichkeiten dieses Konsumparadieses befangen. Doch da unterbrach die Frau auf einmal ihren Kaufrausch und sprach jemanden an, der ihr gerade entgegenkam.

Ich begriff, dass sie nach dem Ausgang gefragt hatte. Die Person zeigte auf eine Glastüre und sie ging sogleich darauf zu. Doch als sie näher kam, stellte sich heraus, dass die Tür nur der Eingang eines weiteren Geschäfts war. So spielte sich die gleiche Szene noch einmal ab. Die Frau ging wieder durch die Einkaufspassage und schob mechanisch ihren Wagen vor sich her, bis ihr ein Mann entgegenkam.

"Wo ist bitte der Ausgang, mein Herr?" hörte ich im Inneren meines Kopfes. Der Mann wies mit dem Finger auf eine andere Glastür am Ende einer kleinen Passage zu seiner rechten ... So sah es zumindest aus. Sie ging mit schnellen Schritten darauf zu ... nur um festzustellen, dass es wieder nur die Eingangstür zu einer Boutique war. Wie oft sich diese Szene wiederholte, weiß ich nicht ... Immer wieder fragte die Frau nach dem Ausgang aus dem Einkaufszentrum - und landete mit zunehmend ängstlichem Gesicht vor einem Schaufenster oder dem Eingang in den nächsten Laden. Zum Glück traf sie schließlich auf ein Portal aus Metall und mattem Glas, das sich vor ihr auftat. Kaum hatte sie es durchschritten, war sie wieder in ihrem Büro, mit denselben Kollegen, die noch immer arbeiteten, fast wie Automaten, mit der Kaffeetasse stets griffbereit. Ich konnte nicht umhin, ihr bis an ihren Platz zu folgen. Der Einkaufswagen aus Metall hatte sich in Luft aufgelöst. Nun trug sie über der Schulter wieder ihre braune Ledertasche. Plötzlich hörte ich, wie sie rief:

"Oh, du bist mich also abholen gekommen?" ...

Auf ihrem Arbeitssessel schlief zusammengerollt eine riesige, graue Katze. Die Frau begann sofort, sie zu streichen und ihr Kosenamen zu geben, als sei es völlig normal, dass das Tier sie im Büro besuchte ... Genau in diesem Augenblick überkam mich das Gefühl, mich nicht länger in dieser Umgebung aufhalten zu sollen ... daran erinnere ich mich. Ich wusste nun Bescheid. Im Moment konnte ich nichts weiter ausrichten. Mein Körper rief mich zu sich. So ließ ich meine Seele wieder in ihn hineingleiten ...

Es war glasklar, was ich erlebt hatte. Ich war natürlich unmittelbar in das 'Leben nach dem Tode' der Gesuchten eingedrungen. Nun hatte ich den Beweis, dass es nichts anderes war als ein Produkt des Bewusstseinsuniversums, das sie in sich trug. Dies aber war höchst beschränkt. Es umfasste lediglich ihren Arbeitsplatz, das Einkaufszentrum, in dem sie gewöhnlich einkaufte, und eine Katze, vermutlich ihre einzige Lebensgefährtin. All das stellte ihr Bewusstsein in einer idealen Version her: Arbeitskollegen, mit denen man keine Probleme hat, eine entspannte Atmosphäre, Geschäfte, in denen man alles bekommt und schließlich die Katze, die ihr Trost und Zärtlichkeit spendet. Es war das perfekte Hologramm eines leichten Lebens, aber auch einer aussichtslosen Existenz, die völlig von Routine bestimmt ist. Darüber hinaus war es natürlich auch ein mentales Gefängnis. Sie war befangen in ihrem Bedürfnis nach Konsum, in einem wahrhaftigen 'Kaufrausch', der all ihre Energie in Anspruch nahm ... bis hin zur Angst.

Ihre Seele spürte sehr wohl, dass es noch 'etwas anderes' gab, ihr Leben noch andere Perspektiven barg. Das zeigte sich im Bedürfnis, den Ausgang des Einkaufzentrums zu finden. Aber sie war noch nicht bereit, über ihr kleines 'ideales' Universum hinauszuwachsen, weil es ihr Sicherheit gab. Sie war nicht in der Lage, etwas wahrzunehmen, das jenseits des eng gesteckten Rahmens ihres recht kleinkarierten Erdenlebens lag. Also hatte sie es idealistisch ausgeschmückt, ohne eine darüber hinausgehende Hoffnung zu hegen.

Allein durch Empathie war es mir gelungen, mich auf die Schwingungsebene zu begeben, die ihrem Bewusstseinsniveau entsprach. Vielleicht konnte ich ihr helfen aufzuwachen und ihr wahres Sein zu finden.

Allerdings erwacht man leider nicht schlagartig aus der Traumvorstellung, die man von sich und vom Leben hat. Irgendwann wird es der Seele aber zu viel. Erst wenn sie in ihrer beschränkten Welt zu ersticken droht, kann sie die Form sprengen. Nur Überdruss vermag sie daraus zu befreien.

Im Grunde ist mir erst seit meinem Eindringen in das *Kamaloka*, welches die Seele einer Frau sich erschaffen hatte, recht eigentlich bewusst, was es mit dem Fegefeuer auf sich hat, von dem in unserer jüdisch-christlichen Kultur die Rede ist.

Die Dimensionen des Fegefeuers

Um es gleich zu sagen: Wenn ich von den 'Dimensionen des Fegefeuers' spreche, so ist damit keine greifbare geografische Region gemeint ...

Seelenwelten lassen sich nicht räumlich fassen oder festlegen, schon weil sie sich in Abhängigkeit von den Seelen, die sie erschaffen und sich darin entwickeln, ausdehnen und zusammenziehen.

Gerade der weite Schwingungsraum des *Kamalokas* ist in dieser Hinsicht symptomatisch. Es ist nämlich ganz besonders 'instabil', also variabel. Das kann auch gar nicht anders sein, weil die Seelen, welche ins *Kamaloka* eindringen und es aufrechterhalten, höchst wechselhafte, unzulängliche Werte mitbringen.

In dieser Welt ist die Seele noch all ihren Illusionen, Bequemlichkeiten und unersättlichen Begierden unterworfen. Außerdem sucht sie einen Ausgleich für die Enttäuschungen, die sie auf Erden erlitten hat. Ich möchte das anhand eines Beispiels verdeutlichen. So bin ich einmal zufällig ins *Kamaloka* eines Mannes eingedrungen, der im Laufe seines Lebens sein sinnliches Begehren offensichtlich nicht befriedigen konnte. Sein Bewusstsein war ganz von dieser frustrierenden Erfahrung eingenommen. Er hatte sie wohl als Entwertung empfunden und erschuf sich nun sogleich das Hologramm eines kleinen Universums, in dem er eine Eroberung nach der anderen machte. Damit wollte er einfach seinen Trieb befriedigen und den Mangel kompensieren, den sein Ego erlitten hatte.

Einige werden nun denken - ein solches 'Purgatorium' ist gar nicht so schlecht ... Nun ja - jedenfalls lassen sich die Regionen des Friedens und echter Lebensfreude nicht erreichen, bevor wir unsere Bedürfnisse abgelegt haben - all die Triebe, Ängste und Abhängigkeiten, die uns belasten.

Es gibt also Bereiche, in denen ständig gegessen wird, man andere herumkommandiert oder ständig alle möglichen Dinge einteilt, also alles tut, was uns Sicherheit gibt - und das Gefühl, noch zu existieren.

Diese Zustände sind weniger von Leid als von Stagnation geprägt. Es ist wichtig, das zu verstehen. Die Seele dreht sich im Kreis ... Sie kreist um sich selbst. Indem sie Situationen erschafft, die ihr entsprechen, richtet sie sich auf einer bestimmten Schwingungsebene ein und legt damit eine Obergrenze ihrer Entwicklung fest ... obwohl sie oft spürt, dass es noch 'etwas anderes' gibt, zu dem sie keinen Zugang hat. Früher oder später wird sie unzufrieden. Sehnsucht stellt sich ein. Es ist ganz ähnlich wie auf Erden ... nur dass sich ihr keine Hindernisse in den Weg stellen, weil sie diese herausfiltert.

Diese Unzufriedenheit ist die Rettung. Aus ihr entspringt die Lebenskraft, welche die seelische Verwandlung anstößt. So kann der Kokon aufgebrochen werden, in den die Seele sich geflüchtet hatte - und nun eingeschlossen war.

Das 'Fegefeuer' ist also kein 'Ort' im engeren Sinne, sondern ein Zustand, eine Illusion - eine von der Seele selbst erschaffene Übergangszone. Entsprechend gibt es streng genommen ebenso viele Purgatorien wie Menschen. Das dürfte nun klar geworden sein.

Jeder dieser Zustände entspricht einer ganz spezifischen, von anderen getrennten Sphäre, gleicht also einer in sich abgeschlossenen Blase, die ihren eigenen Gesetzen folgt.

Man kann das traurig finden ... sollte aber bedenken, dass die Fähigkeit der Seele, Welten zu erschaffen, die ihr entsprechen, gerade von der göttlichen Weisheit des Lebens zeugt.

Das *Kamaloka* dient in erster Linie der Reinigung der Seele. Es bietet einen geschützten Raum, in dem sie sich aufhalten und ihrem geistigen Niveau entsprechend 'eine Pause einlegen' kann, bevor sie den nächsten Sprung ins Licht wagt. Bekanntlich schadet es den Augen, zu viel Licht auf einmal aufzunehmen. Entsprechend können auch unsere Seelenaugen nicht einfach unmittelbar in die 'Geistige Sonne' schauen. Sie nehmen diese zunächst durch verschiedene Schleier wahr, derer sie sich erst allmählich entledigen.

Abschließend möchte ich zum *Kamaloka* Folgendes sagen: Es lässt sich als großes Schwingungsfeld beschreiben, das vom Bewusstsein der Menschheit kollektiv gebildet wird, aber aus vielen einzelnen, individuellen Sphären besteht. Jede dieser 'Schwingungsblasen' wird von jeweils einer Seele bewohnt, ist also von anderen isoliert.

Der letzte Punkt ist wichtig. Seelen, die 'ihr Purgatorium' durchleben, sind sich selbst ausgesetzt. Sie können nicht mit anderen kommunizieren. Die Wände ihrer 'Wohnung' bleiben bist zu einem bestimmten 'Sättigungsgrad' dicht verschlossen, nämlich bis sie der Enge ihres Horizontes und der Absurdität ihrer Lage gewahr werden und das dringende Bedürfnis verspüren, darüber hinauszuwachsen.[5]

Daraus lässt sich ableiten, dass alle bekannten Gesichter, alle Freunde, die eine Seele im *Kamaloka* antrifft, nichts als Täuschungen sind. Sie sind Bestandteile ihres unbewusst heraufbeschworenen Hologramms, haben also kein eigenes Bewusstsein und reagieren stets nur so, wie sie konzipiert wurden.

Wenn sich zwei liebende Seelen jenseits der Todesschwelle begegnen, haben sie ihr Purgatorium bereits hinter sich ... es sei denn, sie hätten gar keines ausgebildet, weil sie schon in hohem Maße 'reinen Herzens' waren ... oder genau nach denselben Idealen und Werten streben.

Es mir wichtig, möglichst vielen Menschen nahe zu bringen, dass es solche von der Seele erschaffene Orte gibt, die zwar reine 'Illusionen' sind, aber doch eine Funktion haben. Hat man ihre Bedeutung erst einmal verstanden, so leuchtet auch ein, warum wir jeden einzelnen Tag unseres Lebens darauf achten sollten, 'bessere Menschen' zu werden.

Es geht heute nicht mehr um – zuweilen recht willkürliche – Moralvorschriften und auch nicht um religiösen Glauben. Wir müssen uns vielmehr intensiv mit den Mechanismen des Bewusstseins beschäftigen. Sie entsprechen großen, uni-

---

5) Seelen, deren Mission es ist, Seelenführer zu sein, können dennoch in diese Hologramme eindringen und die Seelen besuchen.

versellen Gesetzen, deren Weisheit, Schönheit und Harmonie über alle Dogmatik erhaben ist. Nur sie können die Seele wieder auf den rechten Weg bringen.

Die Kraft der Liebe muss in unserem Leben an erster Stelle stehen ... nicht, weil 'es sich so gehört' - aus irgendwelchen religiösen oder gesellschaftlichen Gründen -, sondern weil unser innerstes Wesen danach verlangt. Wir brauchen sie, um endlich unser wahrhaftiges 'Erbe aus Licht' anzutreten.

Die Schattenreiche

Nun wird man mich wohl fragen: "Und die Hölle? Wie steht es denn damit, wenn es auch das 'Fegefeuer' wirklich gibt? Die Antwort ist ganz einfach ... und völlig logisch. Auch die Hölle ist ein Hologramm, eine mentale 'Blase' - also ein Gebilde der Seele. Es entsteht, wenn man schädlichen Verhaltensweisen in die Falle gegangen ist, die 'Gift für einen sind'. Man könnte einwenden, die Begriffe 'schädlich' oder 'giftig' seien in diesem Zusammenhang höchst relativ, da es vom jeweiligen Kulturkreis und den entsprechenden Moralvorstellungen abhängt, wie sie inhaltlich gefüllt sind.

Nach all meinen Reisen in die verschiedensten Regionen der menschlichen Seele und zahlreichen, eingehenden Aura-Studien, sehe ich das anders. Wenn ich von 'Schädlichkeit' spreche, denke ich weniger an bestimmte Handlungen oder Gegebenheiten. Diese können von einer bestimmten Moral geprägt sein. Oft hinterlassen sie keine tiefen Spuren im Bewusstsein.

Ich meine damit eher innere Haltungen und fixe Ideen. Die Seele kann sich damit anstecken, wie mit einer Viruserkrankung. Sie sind wie Parasiten, die der Harmonie des Universums entgegenstehen. Die Seele kann 'sich beschmutzen' und in gewisser Weise selbst zerstören, wenn sie Gewohnheiten annimmt, welche die Ausbreitung des Lichtes verhindern.

Genau wie 'das Fegefeuer' ist auch die sogenannte 'Hölle', von der in einigen Religionen die Rede ist, 'kein Ort' im eigentlichen Sinne. Es ist ein Zustand. Unser Bewusstsein hat sich dabei selbst in die Finsternis seiner Auflehnung gegen die natürliche Ordnung gesperrt. Insofern entspricht die Hölle einem Kerker, einem virtuellen Gefängnis. Wie sie genau beschaffen ist und wie lange man darin ausharren muss, hängt ganz von dem Menschen ab, der sie geschaffen hat. Es gibt ebenso viele 'Höllen' wie seelische Abgründe, in denen man sich verlieren kann.

Die 'düsteren Zonen' sind keineswegs Strafen, die der Seele von irgendeiner 'höheren Autorität' auferlegt worden wären.

Es ist völlig absurd zu glauben, *Das*, was sich im Zentrum des Universums befindet - *die* Quelle des absolut Guten - habe so etwas wie 'kosmische Verliese' oder Fallgruben eingerichtet, um Wesen darin zu versenken, die nicht mit Seinen Vorstellungen übereinstimmen ... Eine solche Vorstellung ist überaus kindisch. Sie zeugt von tiefem Unverständnis gegenüber einer entscheidenden Tatsache: Das Gesetz der Freiheit und die schöpferische Kraft, welche aus dieser Quelle entspringen, sind Grundpfeiler unseres Universums. Jedes Wesen hat die Fähigkeit, sich seine eigene 'Nacht des Bewusstseins' zu erschaffen ... oder seine 'Nächte' - und auch eine lineare Zeit gibt es darin nicht.

Die 'ewige Hölle' ist eine bloße Erfindung der Kirchen, die Angst gerne als Druckmittel eingesetzt haben. Es gibt zwar 'Schwingungsräume', in denen die Seele ihr eigenes Leid inszeniert, doch diese sind weder stockdunkel noch von ewiger Dauer. Auch in die finstersten Grüfte dringt früher oder später jenes 'Licht, das keinen Schatten wirft' und weist den Ausgang aus der verfahrenen Situation. Die Lebensessenz in uns erinnert sich genau an dieses Licht. Überhaupt sollten wir uns nun etwas lichteren Zonen zuwenden ...

Das Devachan

Ich habe schon mehrmals Seelen begleitet, die bereit waren, ihr *Kamaloka* zu verlassen, um sich zu einem höheren Schwingungszustand zu erheben. Eine solche Begleitung verläuft ganz ähnlich wie die Begleitung einer Seele an der Schwelle zum physischen Tod.

Wenn das Bewusstsein sich ausgiebig in seinem Purgatorium gereinigt hat, durchlebt es in der Tat so etwas wie einen zweiten Tod. Doch dieser ist unendlich viel leichter als der erste. Es ist wie das Zerreißen eines Schleiers ... oder als würde dichter Nebel sich von den Augen heben, manchmal auch wie das Durchqueren eines Tunnels aus Licht. *Im*

Grunde ist es nur eine Veränderung der Wahrnehmung seiner selbst und der Welt.

Eine entsprechende Veränderung können wir auch auf Erden erleben. Stellen wir uns doch einmal einen Menschen vor, der alleine lebt, aus verschiedenen Gründen 'das Glück' nie kennengelernt hat und dessen Horizont nicht über eine stupide Arbeit hinausgeht, die so schlecht bezahlt ist, dass er nicht einmal auf die Idee kommt, zu reisen und andere Länder zu entdecken ...

Wenn so jemand nun plötzlich aus seiner tödlich langweiligen Existenz ausbricht, in ein anderes Milieu kommt ... und sich dort auf einmal jemand lebhaft für ihn interessiert oder gar in ihn verliebt. Das wäre wie ein Wunder!

Die Welt sieht dann ganz anders aus. Die Sonne geht auf ... ferne Horizonte tun sich auf, von denen man nicht einmal zu träumen wagte.

Es setzt eine Verwandlung ein, das innere Universum wird nie wieder so sein wie zuvor, weil die geistigen Beschränkungen sich aufgelöst haben.

Auf einmal haben wir eine ganz andere Ausstrahlung. Auch unsere Aura wird nie mehr dieselbe sein. Wir haben wirklich einen Schritt vorwärts gemacht. Dieses Beispiel zeigt sehr schön, was geschieht, wenn eine Seele von einer 'geistigen Behausung' in die nächste übergeht – so etwa vom *Kamaloka* zum *Devachan*.

Sie wird 'lichter', luzider, von Licht durchdrungen ... dadurch können sich ihre geistigen Barrieren auflösen. Mit anderen Worten: Sie definiert ihren Horizont neu. Das geht mit einem völligen Umbau der feinstofflichen Architektur ihrer 'Lebensblase' einher.

Dringt sie nun also endlich in ein 'Universum der Wahrheit' vor? So sollte man die Dinge nicht betrachten. Sie geht vielmehr in ein Universum über, das ihrer Grundsensibilität eher entspricht - nun da all die Gewohnheiten, Ängste und Enttäuschungen ihres letzten Lebens überwunden sind. Sie erschafft also ein neues Hologramm, eine neue virtuelle Welt, deren Gestalt ganz davon abhängt, was im Laufe der Inkarnationen in dieser Seele gelebt hat und zur Blüte kam.

Die vielfältigen Schichten solcher 'Seelensphären' werden in der orientalischen Tradition *Devachan* genannt.

Im Unterschied zum *Kamaloka* sind diese Sphären jedoch nicht hermetisch abgeschlossen. Sie können sich gegenseitig durchdringen - inwiefern hängt ganz von ihrer Schwingungsfrequenz ab. Genau wie Farben zueinander passen oder komplementär sein können, spielen auch hier Affinitäten eine Rolle. Das *Devachan* ist ein Universum des Austausches, ein Ort, an dem man etwas teilen kann - und wachsen.

Hier kann sich die Seele mit ihrem Potenzial auseinandersetzen - mit allem, was in ihr angelegt ist, was sie vielleicht schon entwickelt hat und was ihr noch fehlt, aber auch mit ganz bestimmten Wünschen und Ambitionen, an denen sie noch arbeiten will.

Das *Devachan* lässt sich definieren als eine Behausung, in der die Seele Ruhe, Glück und Frieden findet. Zugleich setzt sie ihren Weg der Wandlung und Verfeinerung hier fort. Dieses Universum hat sowohl eine individuelle als auch eine kollektive Dimension. Im Abendland wird es ganz naiv als 'Paradies' bezeichnet.

So angenehm es auch sein mag - dieses Paradies ist ebenfalls nur eine psychische Konstruktion und unterliegt dem steten Wandel des Bewusstseins der Wesen, die es bevölkern. Das dürfen wir nicht vergessen.

Der Bewegungsaspekt ist in meinen Augen entscheidend, weil er der gängigen abendländischen Auffassung eines von Passivität bestimmten Paradieses zuwiderläuft. Im Laufe der Jahre war ich oft überrascht, wie sich viele Zeitgenossen, die an ein Leben nach dem Tode glauben, das Paradies ausmalen. Ihre Vorstellungen sind zumeist höchst naiv - genauso starr und kindisch wie die gängigen Gottesbilder.

Bei dem Wort 'Paradies' denkt man meist an eine Welt völliger Ruhe inmitten einer idealisierten Landschaft, wo Seelen, von Engeln flankiert, in seliger Untätigkeit dahinleben - also an eine Glücksvision, die einer Form von Ataraxie gleicht. Diese Vorstellung hat gottlob nichts mit den 'Seelenräumen' zu tun, die wir hier gemeinsam durchstreifen.

Die Ebenen des *Devachan* dienen nicht allein der Seelenruhe, sondern vor allem der seelischen Erweckung. Das gilt es zunächst einmal zu verstehen.

Wenn die Zeit gekommen ist, in diese höheren Sphären vorzudringen, so haben wir Gelegenheit, in aller Ruhe unsere Fähigkeiten anzuschauen, aber auch unseren Schwächen entgegenzutreten ... allem, woran es uns noch mangelt. Ich verwende eigens nicht den alten Begriff 'Sünden', der nur wieder an Schuld gemahnt.

Auf dem Schwingungsniveau der Welten des *Devachan* erscheinen unsere Verfehlungen als Folgen mehr oder minder ausgeprägter Unkenntnis der Lebensgesetze. Selbst ein Mangel an Liebe geht letztlich auf Unwissen zurück - genauer gesagt, auf Unverbundenheit mit dem göttlichen Lebensstrom, der das Universum trägt.

Diese 'Störung' bewirkt als Leitungsunterbrechung eine 'Unterernährung des Bewusstseins'. Es bekommt dann nicht genug Informationen von der Lebensweisheit - dem 'Motor allen Lebens'.

Ich habe die verschiedenen Ebenen des *Devachan* schon oft besucht und mehrfach Zeugnis davon abgelegt. Es gewährt der Seele nicht nur innere Einkehr zwischen zwei Inkarnationen, sondern spielt auch bei der Weiterentwicklung eine entscheidende Rolle. Diesen Aspekt fand ich immer besonders interessant. Wenn man in die Hologramme dieser Sphären eindringt und mit seinem eigenen Inneren daran mitwirkt, verschafft einem das ebenfalls eine höhere Einsicht. Man erkennt dann, welche Facetten man noch ausbilden muss, um innerlich zu wachsen und zu einem umfassenden, stabilen Glückszustand zu finden ... der letztlich von Dauer ist.

So konnte ich auf meinen außerkörperlichen Reisen durch die 'mittlere Astralebene' oft Seelen beobachten, die damit beschäftigt waren, etwas zu lernen, was sie im nächsten Leben anwenden wollten ... einen Beruf, eine Gabe, ein

Talent oder eine bestimmte Eigenschaft, wie etwa Geduld, Großzügigkeit, Willenskraft. Das *Devachan* ist also von Aktivität und Wachstum bestimmt, keineswegs von einlullender Lethargie.

Die Behausungen dieses Universums sind gleichsam die verherrlichte Kehrseite unserer persönlichen Orte auf Erden, ihr ideales Gegenstück.

Man trifft hier auf Seelen, die ihre künstlerischen Fähigkeiten vertiefen, ihr Talent auf politischem oder wirtschaftlichem Gebiet ausbauen, vielleicht auch in ganz anderen Bereichen. Andere wieder haben die Anlage, wichtige Entdeckungen zu machen. Darüber hinaus ist das *Devachan* der Ort, an dem Seelen sich wiederbegegnen - Seelen, die sich lieben oder in Familien zusammenschließen, um in aller Ruhe ihre zukünftige Existenz vorzubereiten. Das muss ihnen nicht einmal unbedingt bewusst sein.

Es wäre falsch, anzunehmen, dass jeder, der Zugang zu seinem Paradies hat, zwangsläufig 'übersinnliche Fähigkeiten' im Sinne metaphysischer Kenntnisse hat. Das Wissen um Wiedergeburt und Karma stellt sich nicht automatisch ein. Eher schon ist es die Folge einer allmählichen Bewusstseinserweiterung im *Devachan* selbst. Es wird von Wesen weitergegeben, die reif genug sind, sich leichthin zwischen den Seelensphären zu bewegen und Lehren zu überbringen. Solche Wesen bezeichnet man als 'Seelenführer'. Es gibt recht viele davon. Sie haben alle ihre Eigenheiten und natürlich auch einen je spezifischen Kenntnisstand, der ihrem Bewusstsein entspricht ... wie beim 'Unterricht' auf Erden auch.

Entsprechend wechselt eine Seele, während sie ihr *Devachan* erweitert, mehrfach den Lehrer oder 'Seelenführer'. Was sie von ihnen lernt, hängt natürlich ganz von ihrer Aufnahmefähigkeit ab - also davon, inwiefern sie sich dem Lernstoff öffnen kann - genau wie in der Schule auf Erden.

Nun wollen wir uns der Bedeutung des Wortes *Devachan* zuwenden. Auf Sanskrit bedeutet es 'Reich der Götter'.

Mit dem Wort 'Götter' - im Plural - sind Wesen gemeint, die bereits eine bestimmte Entwicklungsstufe erreicht haben und deshalb auch als Lichtwesen bezeichnet werden.

Dabei erweist sich erneut die 'Durchlässigkeit' der einzelnen Räume dieser Sphäre. Sie dienen ja dem Austausch und der Weiterentwicklung. Entsprechend werden die Hologramme oft von 'großen Wesen' aus höheren Bewusstseinsebenen besucht. Sie kommen, um den Seelen, die bereit sind, sie zu empfangen, ihr Liebessiegel aufzuprägen. Die Erinnerung an Liebe und Weisheit, die ihr mit auf den Weg gegeben wurde, wird die Seele in Zukunft begleiten ... mehr oder weniger bewusst und 'rein'.

Diese Wesen spielen dann eine Rolle wie Christus, Buddha oder andere Meister der Weisheit.

Die Erinnerung an diese Wesen und ihr Umfeld, löst bei manchen Menschen eine gewisse Sehnsucht aus ... Sehnsucht, nach einer ungreifbaren 'anderen Welt', eine Wehmut, die sie zuweilen lebenslang begleitet.

Entsprechend kann die Sehnsucht nach unserem *Devachan* - also unserem persönlichen Ideal - sowohl hinderlich als auch förderlich sein. Sie kann uns entweder melancholisch machen - unzufrieden mit dem Alltag, anfällig für nostalgische Anwandlungen - oder aber die Verbindung mit 'unserem eigentlichen Sein' erleichtern. Dann können wir aus unserer ureigensten Quelle Kraft schöpfen. Wozu wir neigen, hängt ganz davon ab, wie gut wir ins uns selbst verankert sind, letztlich also von unserer inneren Stärke.

Wie kann man sein Paradies wieder verlassen?

Man mag sich nun fragen, was eine Seele dazu bewegen kann, die Schwingungsebene ihres *Devachan* wieder zu verlassen, obwohl darin doch alles ihren Bedürfnissen und Zielen entspricht. Es ist ganz ähnlich, wie beim *Kamaloka*. Man hat schließlich den Eindruck, alles erlebt zu haben, was hier geboten wird, es bis zur Neige ausgeschöpft zu haben. So stellt sich ein Gefühl des Überdrusses ein ... verbunden mit der Notwendigkeit, weiterzugehen.

Ich würde sagen, was uns aus unserer 'paradiesischen Hülle' vertreibt, ist ein Impuls des Lebens selbst - die Weisheit des Lebens. Unser Bewusstsein fühlt sich von etwas angezogen, das es veranlasst, seinen Kokon - seine 'Insel der Ruhe' - aufzugeben. Freilich ist es gar nicht so leicht, sich von der Sphäre des *Devachan* loszureißen. Die Seele wird in einem Körper wiedergeboren - das ist für sie eine Art Tod. Zumeist manifestiert sich dieser Tod als Müdigkeit ... und geht dann zunehmend in Schlaf über. Das Bewusstsein schläft in seinem 'paradiesischen Traum' also ein. Es nimmt dabei mehr oder minder klarsichtig die Erinnerung an sein

Hologramm, das es zwischen zwei irdischen Leben entworfen hat, mit, sowie alles, was es dort gelernt hat.

Eine Ausnahme stellen Seelen dar, die sehr reif und stark sind. Das konnte ich wiederholt beobachten. Sie lassen ihr *Devachan* nicht im Schlaf hinter sich, sondern kehren ihm ganz bewusst den Rücken, entscheiden also selbst, wann sie es verlassen wollen.

Es erübrigt sich wohl, darauf hinzuweisen, dass es solchen Seelen besonders leicht fällt, ihren Lebensweg zu meistern. Sie verlieren ihr Ziel nicht aus den Augen, oder doch nur ganz selten. Jedenfalls bringen sie beste Voraussetzungen mit, ihre Mission zu erfüllen, ganz gleich, ob es sich um eine individuelle oder kollektive Aufgabe handelt.

Freiheit des Denkens und das damit verbundene Streben nach Erkenntnis sind also ganz wesentliche Faktoren auf unserem Entwicklungsweg. Sie tragen entscheidend zum Erblühen unseres Bewusstseins bei, genau wie die Liebe. Je größer das Schwingungsfeld, in dem wir uns aufhalten, desto breiter der Weg, der aus unserem Kokon herausführt. Je weiter unser Horizont, desto mehr Licht dringt herein ... desto weniger sind wir den mentalen und emotionalen Konstruktionen der Hologramme unterworfen, in denen wir Schutz suchen. Aus diesen Gebilden und den damit einhergehenden Bindungen entsteht schließlich das, was wir Karma nennen - oder zumindest die belastende Seite des Karmas.

Insofern weist also gerade die karmische Last den Ausweg aus den Annehmlichkeiten des *Devachan*. Wir verlieren schließlich das Interesse an dieser Sphäre der Ruhe und Befriedigung. Sie löst sich auf - in uns ... und damit auch 'außerhalb' von uns.

Bildlich gesprochen könnte man sagen, Dach und Mauern unseres Hauses verlieren an Kontur ... während sich die Seele gleichsam 'Tropfen für Tropfen' allmählich in den Bauch der zukünftigen Mutter gleiten lässt.

Die Tibetaner würden sagen, sie tritt in das *bardo* ihrer zukünftigen Entwicklung ein. Nun ist sie bereit, in den Erfahrungsraum eines anderen, materielleren *loka* einzutreten - nämlich in unsere irdische Welt ... um einen weiteren Traum zu erleben.

Kapitel IV

Entdeckungsreise zu einer verkannten 'Behausung'

... Vom Äther zur Materie ...

Genau dieser 'Behausung' wollen wir uns nun zuwenden, unserer Erde ...

Wir leben auf ihr. Das heißt aber noch lange nicht, dass wir ihre geistige Dimensionen oder ihr wahres Wesen wirklich erkannt haben.

Mit 'unsere Erde' meine ich zunächst einmal alles, was unseren Sinnen zugänglich ist, also die sichtbare und messbare Welt.

Wenn man sich mit 'höheren Dingen' beschäftigt, mit Selbsteinsicht und innerer Einkehr, erscheint es zunächst wenig reizvoll, sich überhaupt damit zu befassen. Es drängt einen eher, darüber hinauszugehen und in jenseits davon liegende Sphären vorzudringen, um geistig zu wachsen. Im Vergleich zum erahnten 'Ozean des Lebens' mag einem die Erde dann eng und klein vorkommen, geradezu erstickend. Wie oft haben wir nicht darunter zu leiden ... Darum setzen wir alles daran, unseren Horizont zu erweitern.

Irgendetwas sagt mir jedoch, dass wir diese Wohnung nicht mit den richtigen Augen ansehen. Mit dieser Vermutung knüpfe ich an uralte orientalische Traditionen und Initiationsriten an. Die wahren Gesetze unseres Planeten sind uns fremd - und zwar weil wir uns selbst nicht kennen. Mit anderen Worten: Wir haben die Erde unseren Bestimmungen unterworfen und ihr damit Schranken auferlegt, weil wir uns selbst für etwas 'Fertiges' und somit Begrenztes halten. Entsprechend bestimmt eine 'mathematische Logik', die allein auf unserem Bewusstseinsniveau basiert, die Spielregeln unserer Welt ... In Wahrheit aber warten diese nur darauf, neu erfunden zu werden.

Ich möchte das anhand eines Erlebnisses veranschaulichen, das wohl zum Bedeutsamsten gehört, was ich im Zusammenhang mit der Neubestimmung unseres Zugangs zur Welt erlebt habe.

Die Wirklichkeit konstruieren

Mein Erlebnis liegt schon eine Weile zurück. Es geschah Anfang der Neuziger Jahre und doch ist die Erinnerung daran so frisch, als hätte ich es erst gestern erlebt! Es führt uns wieder nach Indien, also in jenes Land, in welchem die sogenannte 'Wirklichkeit' noch am ehesten eine völlig neue Bedeutung annehmen kann. Ich war dabei, von einem kleinen Ashram, der um die außergewöhnliche Persönlichkeit des Swami Premananda und seine Lehre entstanden war, abzureisen. Gemeinsam mit meinen Reisebegleitern hatte ich mich soeben von ihm verabschiedet, um nach Europa zurückzukehren.

Kaum hatte ich die Türe zu seinem Privatgemach im rückwärtigen Teil des Tempels hinter mir geschlossen, als mich eine weibliche Stimme zurückrief. Ich drehte mich um. Es war eine junge Sannyasin[6], die im Ashram diente. "Kommt zurück", sagte sie, "der Swami möchte dir etwas geben."

So stand ich einen Augenblick später schon wieder vor dem Hausherren. Durch die Schwaden der Räucherstäbchen blickten seine Augen mich unendlich sanft und eine Spur schelmisch an.

"Ja, ich habe etwas vergessen", sagte er. "Gib mir deine Hand."

Doch er kam mir zuvor, nahm sie selbst und öffnete sie weit, mit der Handfläche nach oben. Nun sah ich, wie der Swami Premananda seine eigene, ebenfalls weit geöffnete Hand flach genau auf meine legte.

Dann hörte ich ihn ganz leise irgendein Mantra rezitieren und schließlich tief ein- und ausatmen. Genau in diesem Moment, während seine flache Hand noch immer fest auf meiner lag, spürte ich ganz deutlich, wie *etwas* in meine Handfläche fiel. Nun nahm der Weise seine Hand langsam weg ... und in der Mitte meiner Hand erhob sich eine Statuette aus silbrigem Metall. Sie stand aufrecht auf ihrem

6) Sannyasin bezeichnet in der hinduistischen Tradition einen Menschen, der allem Weltlichen entsagt hat und rein dienend in völliger Besitzlosigkeit lebt.

kleinen Podest. Es war eine Darstellung der Göttin Parvathi, eine der weiblichen Entsprechungen Shivas.

Was man in solchen Momenten erlebt, ist schwer zu beschreiben. Man befindet sich inmitten eines Ereignisses, das aus dem Register unserer gängigen Vernunft völlig herausfällt ... wird also zum Zuschauer und privilegierten 'Gefäß' eines sogenannten 'Wunders' ... und fragt sich nur noch, wie einem solches widerfahren konnte ...

Ohne Zweifel ... die Statuette war da, sie ragte mitten in meiner Handfläche empor. Ich hatte sogar gespürt, wie sie herabgefallen war, obwohl doch die Hand des Swami Premananda fest auf meiner lag. Ich war höchst erstaunt und entzückt ... Doch damit nicht genug ...

Kurz darauf war die Statuette, während sie noch immer in meiner Handfläche stand, über und über mit Vibhuti bedeckt, mit der heiligen Asche der Hindus. Der Swami Premananda hatte sie sogleich aus seinen Fingern fließen lassen und auf das kleine Ebenbild der Parvathi gestreut.

Ich weiß nicht mehr, welche Dankesworte ich stammelte. Jedenfalls erschienen sie mir sehr dürftig im Vergleich zu dem Geschenk, das ich erhalten hatte ... und zur Lehre, die in ihm steckte.

Nach all den Jahren hat es noch immer seine volle Bedeutung – und um die geht es mir hier, mehr noch als um das spektakuläre Ereignis selbst.

Wer einem Wunder beiwohnt, neigt dazu, sich an das zu klammern, was daran sichtbar und 'fassbar' ist. So kommt die tiefere Bedeutung oft zu kurz. Wir sehen uns gezwungen, uns damit zu beschäftigen, was den Schleier zwischen den Welten durchdrungen hat – oder 'aus dem Nichts' entstanden ist – es anzusehen und anzufassen, sind aber unfähig, uns die gebotenen Gedanken darüber zu machen. Dabei ist es höchst faszinierend, einmal genau darüber nachzudenken, was da eigentlich geschieht.

Kommen wir noch einmal auf die Statuette der Parvathi zurück, die mir auf so wunderbare Weise zuteilwurde. Auf dem Hintergrund anderer Begegnungen mit dem Swami Premananda kann ich sagen, dass es sich wohl nicht um eine Materialisation im eigentlichen Sinne handelte. Es war also keine 'creatio ex nihilo', die auf seine Gedankenkraft zurückging. Mir wurde erklärt, dass es wohl eher ein Transfer materieller Teilchen von einem Ort an einen anderen war.

Das heißt also, dass der Swami Premananda wusste, wie man einen ihm bekannten Gegenstand von einem Punkt a) zu einem Punkt b) transportieren konnte – in diesem Fall in meine Hand. Das bedeutet weiter, dass es irgendwo im Unsichtbaren Wege gibt, durch die zwei voneinander entfernte Punkte sich unmittelbar überlagern – und so eine regelrechte Schleuse bilden können. Nun, das heißt aber auch ... dass 'Materie' und 'Distanz', so wie wir sie verstehen, wie wir mit ihnen umgehen, Schwankungen unterworfen sind. Damit sind sie höchst relativ, sofern als Begriffe überhaupt tauglich ...

Neubestimmung unserer Beziehung zur Materie

Als ich den Swami Premananda unter vier Augen fragte, was es mit diesem Transfer von Materie über Wege, die unser Vorstellungsvermögen übersteigen, auf sich hat, gab er mir eine ganz einfache Antwort. Das war charakteristisch für ihn. 'Wunder' waren völlig bedeutungslos für ihn. Er hielt sie für eine Fehlwahrnehmung, die allein auf unserer Unkenntnis der Gesetze des Universums basierte - angefangen bei der sichtbaren Welt, die uns Tag für Tag umgibt.

Seiner Lehre zufolge ist das *bhur loka* - also die materielle Welt - ganz anders, als wir uns das üblicherweise vorstellen.

Wir reduzieren sie auf ihre einfachste Ausdrucksform, weil unser Bewusstsein nicht in der Lage ist, über ihre unmittelbare Erscheinung hinauszugehen. Unsere Beziehung zu ihr ist oberflächlich, da wir sie nur von ihrer Oberfläche her denken können. So bleibt uns ihre Tiefe und ihr unerschöpflicher Reichtum mit all seinen Gaben verschlossen ... und zwar ganz einfach, weil wir deren Existenz leugnen!

Swami Premananda ging sogar noch weiter und erklärte mir, sein gesamtes Wesen - Körper, Seele und Geist in völliger Einheit - sei eine Art Brücke oder Fahrbahn zwischen den verschiedenen Ausdrucksformen und Funktionen der Materie. Was sich durch ihn 'materialisierte', kam also nicht aus einer anderen Welt. Es reiste durch unbekannte Zonen und Seinsebenen und zwar nach Gesetzmäßigkeiten, von denen wir uns abgeschnitten haben.

Abgeschnitten - wodurch? Nun, durch Vergessen und Verleugnen unseres eigentlichen Wesens - unserer Göttlichen Essenz, wenn man so will, für die es keine Grenzen gibt ... außer, wenn wir sie uns einbilden, sie also in uns errichten!

Wir haben in unserem Denken Begrenzungen eingeführt - und sie nach außen projiziert - wo es an sich keine gibt. Genau damit haben wir uns selbst eingesperrt.

Überflüssig zu sagen, dass mir nach dem Gespräch mit Swami Premananda mehr denn je bewusst war, wie sehr unsere Menschheit in ihrem eigenen mentalen Gefängnis eingekerkert ist. Die große Herausforderung besteht also darin, die Gitterstäbe dieses Kerkers aufzulösen.

Ich habe oft darüber nachgedacht, wie man diese Gitterstäbe wohl nennen könnte: Liebesmangel, Egoismus, Gier oder Dummheit zum Beispiel. Am Ende habe ich mich für eine einzige Bezeichnung entschieden: Angst - Angst ganz groß geschrieben! Angst vor Freiheit und vor der Verantwortung, die sie unweigerlich mit sich bringt.

An Freiheit zu gewinnen, bedeutet zu wachsen ... weiter und immer weiter. Das aber wird bald unbequem. Die Kleider werden uns dann zu eng ... wir brauchen neue.

Das Universum als Hologramm

Mein Erlebnis mit dem Swami Premananda und einige ähnliche Erfahrungen haben mich darin bestärkt, die materielle Welt als Hologramm zu betrachten.

Die Erscheinungsform der Erde und ihre Abläufe hängen wirklich davon ab, wie man sie betrachtet. Kurz gesagt, unser Universum ist das, was wir auch sind: Es zeugt von unserem Entwicklungsstand und der Qualität unserer Beziehungen zum allen Dingen innewohnenden Göttlichen. Insofern entscheiden wir über seine Funktion und Formbarkeit und in gewisser Weise auch darüber, wie flexibel seine Gesetze sind. Das geschieht vermittels unseres kollektiven Schwingungsniveaus.

Unser Universum ist also unsere eigene kollektive Schöpfung, das getreuliche Abbild unseres durchschnittlichen Bewusstseinsniveaus. Wenn wir innerlich einen Sprung machen, werden schlagartig andere Facetten dieses Universums sichtbar werden. Es wird anders funktionieren und andere Gesetzmäßigkeiten offenbaren.

Genau das passiert im Falle gewisser Meister der Weisheit, welche der Menschheit um Längen voraus sind, wie etwa der Swami Premananda.

Wir müssen endlich begreifen, dass unsere materielle Welt aus verschiedenen Schichten aufgebaut ist, in denen das Leben jeweils auf ganz eigene Weise zum Ausdruck kommt. Diese können fest, flüssig, gasförmig oder brennbar sein ... Für einen 'erwachten' Menschen sind noch andere Formen wahrnehmbar. Doch sein Geheimnis ist im Grunde keines. Es basiert auf einem Wissen, das allein in der Größe seines Geistes und Tiefe seiner Liebe gründet, denn Liebe löst alle Barrieren auf.

Die Qualität seines Denkens in Verbindung mit der Großherzigkeit seiner Liebeskraft hat ihm die Augen geöffnet.

Dadurch hat er immensen Einfluss auf die materielle Welt gewonnen.

Im Übrigen sollten wir genau auf den Sinn unserer Worte achten: Wenn wir von einem Menschen sagen, er sei *erwacht*, heißt das dann nicht, das wir im Gegensatz dazu schlafen? Bedeutet es nicht auch, dass unsere Welt, die wir doch für die Wirklichkeit halten, nichts weiter ist als ein kollektiver Traum ... ein getreues Abbild dessen, was wir über uns und das Leben zu denken vermögen?

Insgesamt muss man dann wohl annehmen, dass wir im Wachzustand nicht wirklich wach sind, sondern eine bestimmte Lebensform entwerfen, genau wie nachts im Traum. So gesehen ist unser alltägliches Leben nicht mehr und nicht weniger als ein Hologramm, das aus den Begrenzungen hervorgegangen ist, die unser Bewusstsein sich auferlegt ... Es ist natürlich ein kollektives Hologramm, in dem man sich in Seelenfamilien zusammenfindet und zwar nach Maßgabe der gemeinsamen Schwingungsfrequenz, genau wie auch in den Seelenwelten, von denen schon die Rede war.

Die unseren fünf Sinnen zugängliche Welt - unser *bhur loka* - ist also nur ein *loka* unter anderen. Sie bezeichnet ein Stadium, das wir überwinden müssen, indem wir seine vermeintlichen Grenzen verschieben und darüber hinausgehen.

Die Maya

Aus dieser Einsicht ist die Vorstellung der Maya - der Illusion - hervorgegangen, ein grundlegender Baustein orientalischer Spiritualität. *Der Tanz der Shiva* ist im Hinduismus nicht nur Symbol für den 'Tanz' der Atome und Elementarteilchen des Lebens, sondern auch des ewigen Wandels und Illusionscharakters unserer Sinnenswahrnehmung.

Die Tatsache, dass ausgerechnet die Göttin Paravathi sich in meiner Handfläche 'materialisierte', erscheint mir besonders bedeutsam. Man kann einiges daraus lernen. Als Begleiterin von Shiva verkörpert sie eine intuitive Kraft, die wir dringend entwickeln müssen, wenn wir tiefer in die Geheimnisse der Materie eindringen und die *Maya* entschleiern wollen.

Diese Göttin lässt sich durchaus als Ausdruck des höheren Bewusstseins oder *Nous* der Gnostiker verstehen. Sie gemahnt an die heilsamen Erschütterungen des Heiligen Geistes. Das liebende Auge, das sie heraufbeschwört, ermöglicht uns hinter die Kulissen des Lebens zu blicken - oder dessen, was wir dafür halten ... denn letztlich ist es nur ein vorübergehender Aufenthaltsort.

Insofern ist es faszinierend und ermutigend, dass die Entdeckungen der Quantenphysik genau in dieselbe Richtung gehen. Wenn dort vom Einfluss des Betrachters auf das betrachtete Objekt die Rede ist, die 'Außenwelt' also nicht völlig unabhängig von uns zu denken ist, sind wir nicht weit entfernt von der Annahme, dass *lokas* von unterschiedlichen Bewusstseinszuständen generiert werden.

Materie jenseits des Sichtbaren und Messbaren

Blicken wir noch einmal zurück zu der heiligen Asche *vibhuti*, mit welcher der Swami Premananda, nachdem sie aus seinen Fingerspitzen hervorgequollen war, die Statuette fast vollständig bedeckte. Woher kam diese so flüchtige, graue Materie mit dem erstaunlichen Rosenduft? War auch sie von einem Ort zum anderen gereist, wie die kleine Figur? Keineswegs ... Es war vielmehr eine echte Materialisation. Ich habe diesem Phänomen schon mehrmals beigewohnt.

Dabei ist Materialisation einfach im Sinne der Verdichtung eines feinstofflichen Elements zu verstehen, das zuvor nicht greifbar war, unsichtbar, geruchlos, kurz - nicht einordbar.

Wir haben es hier also mit einem Material zu tun, das nicht in das Register unserer Vorstellungen passt. So lässt sich eine 'andere' Dimension der Materie entdecken - nämlich eine Materie, die aus unseren üblichen Zuordnungen herausfällt, weil sie in einem Element zu Hause ist, das jenseits unserer Wahrnehmung liegt. In der Abendländischen Welt wird es als Äther bezeichnet.

Ätherzustand und Vibhuti

Die meisten Menschen, die sich für den Äther interessieren, meinen, er läge jenseits unserer materiellen Welt. Das ist jedoch nicht so. Er gehört sehr wohl zur Dimension, in der wir leben. Er gehört zu den Elementen, aus denen unsere

Welt aufgebaut ist, genau wie Luft oder Wasser. Er ist lediglich 'lichter' - unseren Sinnen weniger zugänglich, da diese noch an unsere gegenwärtige Bewusstseinsstufe gebunden sind.

Menschen, die *vibhuti* herstellen können, wie der Swami Premananda, schöpfen aus dem Äther - genauer gesagt, aus einer Ätherschicht.

Man muss diese Asche also als 'kondensiertes Ätherlicht' betrachten. Insofern sind wir, ohne es zu wissen, ständig potenziell von *vibhuti* umgeben.

Klingt das unvorstellbar? Warum denn? Wieso sollten wir uns dieser Tatsache verschließen, obwohl wir aus Erfahrung wissen, dass ein Element wie Wasser ganz verschiedene Formen annehmen kann: Schnee, Eis oder Dampf. Insofern ist es nur naheliegend, sich der Vorstellung zu öffnen, dass auch Licht in unterschiedlichen Zuständen auftreten kann.

Entsprechend gibt es eben Menschen, die in der Lage sind, Äther zu kondensieren - und zwar weil ihr gesamtes Wesen im Dienste der 'Verwandlung von Energie' steht. Sie können diese Rolle als 'Verwandler' von Schwingungsebenen spielen, weil sie eine bestimmte Art haben, mit dem Leben umzugehen - es zu lieben und zu verstehen.

Vor einigen Jahren ließ ein Wissenschaftler etwas materialisiertes *vibhuti* im Labor analysieren. Das Ergebnis war ganz einfach: Es handelte sich um reines Silizium. Ich möchte diese Information hier weitergeben, weil sie höchst bedeutsam ist. Silizium ist in der Natur ein recht bedeutsames

Element. In der Erdkruste ist es neben Sauerstoff mit 28 % das am häufigsten vorkommende Element. Seine Kristallstruktur hingegen ähnelt dem Diamanten. Ist das vielleicht - von Wissensschätzen abgesehen, die nie verbreitet wurden - der Grund, warum sich Alchemisten von jeher für eines seiner Derivate, nämlich Siliziumdioxid, interessiert haben?

Fragt man nun Menschen, welche die Fähigkeit haben, *vibhuti* herzustellen, warum sie das tun, sagen alle, weil es das reinste und heiligste Geschenk ist, das man jemandem machen kann: ein wenig verdichtetes Licht. *Vibhuti* ist das, was übrig bleibt, wenn unser 'kleines Ego' im Feuer der Erleuchtung verbrannt ist. Haben wir unser Thema 'die Wohnungen des Vaters' aus den Augen verloren? Keineswegs ... im Gegenteil. Wir haben nur eine weitere Türe seines Hauses geöffnet. Sie führt zu einer Erweiterung der Wohnung, die wir zu kennen glauben - nämlich unserer eigenen.

Unser *bhur loka* ist in Wirklichkeit weitaus größer und reicher, als wir bisher dachten. Schließlich haben wir uns unser Denken ja selbst auferlegt. In dieser Hinsicht gleichen wir Hausbewohnern, die nicht alle Zimmer ihrer Wohnung kennen ... weil sie den Lichtschalter im Flur, der zu diesen Räumen führt, nicht finden. Ist das nicht schade? Der Flur wird dann einfach zur 'verbotenen Zone' erklärt - modern ausgedrückt: "Esoterik, der man unbedingt aus dem Weg gehen sollte ..."

Der Äther gehört also definitiv zur materiellen Welt. Er ist nicht, wie oft angenommen, ihr feinstoffliches Gegenstück, sondern maßgeblich an ihrem Entstehen beteiligt. Er gibt unserer Welt ihre Form - wie eine Backform - hat aber auch Anteil an ihrer inneren Struktur.

Mit dem Äther in Kontakt zu treten, lässt die tiefere Natur des materiellen Universums hervortreten. Sie kann sich dann endlich voll entfalten, in all ihrem Reichtum.

In diesem Zusammenhang erinnere ich mich insbesondere an ein persönliches Gespräch mit dem Swami Premananda, bei dem er gefragt wurde, wie er es mache, einen Gegenstand von einem Ort zum anderen zu übertragen oder gar zu materialisieren. Er gab darauf eine ganz klare und höchst lehrreiche Antwort:

"Ich muss ein Objekt, das ich materialisieren will, mindestens einmal gesehen haben. Dann muss ich es mir in kurzer Zeit ganz genau vorstellen können. Es mir in meinem Bewusstsein 'ganz genau' vor Augen zu stellen heißt in diesem Fall: In seiner vollständigen Ausprägung, dreidimensional, mit seinem Gewicht und Geruch, sofern es einen hat.

Es ist ganz einfach ... Ich lasse sein plastisches Bild in mir aufsteigen ... und das Objekt erscheint. Also schenkt mir bitte, wenn ihr mich besuchen kommt, keine Schokolade! Ich kann sie jederzeit selbst herstellen, wenn ich Lust darauf habe. Bringt lieber eure Liebe mit und den Willen, eine neue Beziehung zur Natur und zum Göttlichen einzugehen."

Drei Schritte, die man gehen muss ...

Macht man sich einmal bewusst, was das heißt, wird auch klar, worum es hier eigentlich geht - nämlich um die Möglichkeit einer Interaktion zwischen menschlichem Bewusstsein und dem innersten Wesen der materiellen Welt. Wenn der menschliche Geist seiner Beziehung zur Welt keine Grenzen mehr auferlegt, schmelzen die Mauern dahin. Er kann dann in einen echten Dialog mit der Lebenskraft eintauchen, in einen ständigen Austausch, der ihm erlaubt, ihre verborgenen, ja - geheimen Mechanismen zu entdecken.

Um eine so innige Bindung mit den Weltgesetzen einzugehen - um zu erleben, wie unser Universum aufgebaut ist und spielerisch mit seiner Atomstruktur zu jonglieren - genügt es nicht, sich diesen Vorstellungen zu öffnen. Man kann das nicht nur vom Verstand her angehen! Flexibles Denken und Gedankenspiele sind bestenfalls ein allererster Schritt. Das gilt erst recht für den blinden Glauben an irgendeine Weltanschauung.

Und die zweite Voraussetzung? Besteht sie in der Fähigkeit zu Visualisieren? Muss man also vor allem das eigene Denken beherrschen ... und sich gut konzentrieren können?

Ja, schon, aber ... das kann stets nur der zweite Schritt sein. So schön er auch ist - er wird letztlich doch 'nur' die Verbindung zu den Dingen und Ereignissen des Lebens erleichtern.

Immerhin! Für unseren Entwicklungsweg ist das durchaus von großer Bedeutung ... Doch darüber ist schon viel geschrieben worden, darum möchte ich hier nicht näher darauf eingehen.

Wir müssen uns vielmehr bewusst machen, dass ein dritter Schritt notwendig ist, um zu den verkannten oder gar völlig unbekannten Räumen unserer Behausung vorzudringen.

Wenn ich das vorbringe, so gewiss nicht, um Machtträume oder Größenwahn zu schüren. Es geht mir gerade darum, einen Weg zu finden, den 'Traum unserer Ohnmacht' zu überwinden und die Unterwerfung unter vermeintliche Beschränkungen aufzulösen, sowohl in unserer Beziehung zu Welt als auch zu uns selbst.

Ja, der Schlüssel liegt gerade in uns selbst. Freilich nicht in unserem Ego, sondern in unserem tiefsten Herzen, denn hier findet die Verschmelzung aller Ausdrucksformen des Lebens statt.

Dabei kann es natürlich nicht darum gehen, es einem Swami Soundso nachzumachen, sondern wieder zu dem zu werden, was wir längst sind: Wesen, die lieben können ... und zwar so sehr, dass wir leichthin mit allen Bereichen unserer Behausung in Berührung kommen.

Das ist der entscheidende Schritt. Dafür muss man nichts *tun* - sondern nur *sein*.

Wenn Menschen mit einem hohen Bewusstseinsgrad vor unseren erstaunen Augen irgendwelche Dinge oder Substanzen entstehen lassen, wollen sie ja nicht vorführen, wie erleuchtet sie schon sind. Sie möchten einfach die Vorstellungen, die wir uns von unserer Wohnstatt machen ein wenig erweitern.

Es ist nicht ihre Absicht, etwas zu 'machen', vielmehr zu entwickeln, was wir sind, genau wie bei Christus.

Das Staunen, das sie auslösen, soll sich nicht auf ihre Person richten, sondern uns Glanz und Größe der Lebenskraft vor Augen führen, die uns tagtäglich durchdringt ... die wir aber aus Unwissenheit übersehen.

Sie veranschaulichen, in welchem Maße wir Mitschöpfer unseres Universums sind, genau wie es auch die Quantenphysik beschreibt. Denn unser Denken und ganz allgemein unser Bewusstsein trägt zur Erweiterung der Weltgesetze bei. *Was wirklich ist - hängt von unserer Schwingungsfrequenz ab.*

Genau das meinte Christus, als Er über seine Wunder sagte, wir würden 'noch größere tun'. Er fasste es in Worte, die Seiner Zeit angemessen waren.

Doch bevor wir die Welt verändern, müssen wir erst einmal uns selbst verändern. Das ist heute unsere große Herausforderung. Die Veränderung der 'Außenwelt' wird auf den Fuß folgen, denn unsere neue Beziehung zum Leben wird zwangsläufig Kettenreaktionen auslösen. Wer empfänglich dafür ist, hat bestimmt schon bemerkt, dass sich der Schwingungszustand der materiellen Welt in den letzten Jahrzehnten verändert hat. Das ist nicht weiter verwunderlich, da er von innerer Weisheit gesteuert wird. Sie stößt eine Evolution an, die letztlich auf kosmischen Zyklen basiert.

Entsprechend müssen wir absolut damit rechnen, dass der Rahmen dessen, was man 'Leben' nennt, in Kürze neu gesteckt wird - ob uns das nun gefällt oder nicht ...

Nur die Verwandlung unser selbst - der Mut, 'unsere Behausung' genau jetzt neu zu denken - kann uns darauf einstimmen, was sich der Welt offenbaren will.

Die Lebenskraft 'erwartet' von uns, dass wir uns ihrer aktuellen Bewegung anpassen und uns auf die dabei entstehenden Vibrations-Pforten einschwingen. Darum können wir uns gerade jetzt zwischen zwei möglichen Haltungen entscheiden: Wir können entweder in Trägheit verharren und passiv an alten Denkformen festhalten oder dynamisch an die Sache herangehen und unsere Funktionsweisen, Orientierungspunkte und Wertesysteme radikal überdenken.

Eine Erinnerung, die es verdient, wieder zum Leben erweckt zu werden

Da wir eben von der ätherischen Essenz unseres materiellen Universums sprachen und der Notwendigkeit, wieder in unmittelbaren Kontakt mit ihr zu treten, möchte ich daran erinnern, dass wir Menschen einst fähig waren, alle Schichten des *bhur loka* wahrzunehmen, mit anderen Worten, 'alle Zimmer dieser Wohnung'.

Es gab wirklich Zeiten, in denen menschliche Wesen durchaus in der Lage waren, sich auf ganz natürliche Weise in der großen Wohnung der materiellen Welt von einem Zimmer zum nächsten fortzubewegen. Wie erwähnt[7] findet sich der Stoff in Legenden.

So hat etwa die sogenannte 'Elfenwelt' zahlreich Spuren in unserem 'kollektiven Unbewussten' hinterlassen - wobei dieses 'Unbewusste' eher eine kollektive Erinnerung ist.

Ganz gleich, welcher Ethnie wir angehören und welchem Kulturkreis wir entstammen, wir alle tragen die Erinnerung in uns, Zugang zu einer benachbarten Welt zu haben, in welcher die Materie formbar ist und der Geist über unsere fünf Sinne und die jeweilige Gestalt der Dinge herrscht.

Man wird mir wohl vorwerfen, hier ins Fantastische abzugleiten ... Das stört mich überhaupt nicht, ist doch das Leben selbst - im riesigen Raum des Universums - seiner Natur nach 'fantastisch', nämlich voller unbegrenzter Möglichkeiten. Mir zumindest erscheint das gewiss.

Werden wir nicht jeden Augenblick unseres Lebens von Milliarden und Abermilliarden von Wellen bombardiert und durchdrungen, die Klänge, Bilder ... und alles mögliche andere mit sich bringen? Das allein gehört doch bereits ins Reich des Fantastischen.

Eine der Ätherschichten als 'Welt der Elfen' anzusehen, erscheint mir nicht weniger 'vernunftwidrig' zu sein, als den ersten Computer erfunden zu haben - wie es vor einigen Jahrzehnten wirklich geschah. Es ist sozusagen kein größeres

7) Vgl. Kapitel 1, S. 17.

Wagnis. Man muss dafür lediglich 'ein anderes Denktempo anschlagen', also unsere Sicht auf die Dinge mit einem größeren Weitwinkel ausstatten.

Unser Bewusstsein gleicht in vieler Hinsicht einem größtenteils noch zugeklappten Fächer - und damit auch unser Universum. Es fehlt uns an Kraft und Willen, ihn aufzuschlagen, weil wir die dringende Notwendigkeit eines verwandelnden Geisteshauches noch nicht hinreichend spüren. Das heißt aber im Grunde nur, dass wir auf den Straßen dieser Welt noch nicht genug ins Schwitzen geraten sind ...

Überraschend apathisch und blind stehen wir der Implosion unseres Planeten gegenüber! Wieso Implosion und nicht Explosion? Weil ein Körper implodiert, wenn der Druck, der in seiner Umgebung herrscht, größer ist, als der Druck in seinem Inneren, der einwirkende Druck ihn also zerstören kann. Genau das geschieht gegenwärtig. Das Schwingungsniveau der Erde verwandelt sich unabhängig von uns. Wenn wir unempfänglich dafür bleiben und uns dagegen abschotten, gerät unsere Gesellschaft zwangsläufig aus dem Gleichgewicht und wir lösen uns auf.[8]

Daher sollte die Weisheit - aber eigentlich schon die schiere Intelligenz - uns dazu bringen, innere Grenzen zu

8) Der Begriff ‚Schwingungsniveau' ist kein Hirngespinst, so viel ist heute klar. Für alle, die mit dieser Frage nicht vertraut sind, möchte ich daran erinnern, dass Messungen des Schwingungsgrades auf Untersuchungen zurückgehen, welche der deutsche Physiker W. O. Schumann 1952–57 durchgeführt hat. Die Schwingungsfrequenz der Erde ist in weniger als drei Jahrzehnten von 7 auf 12 Hertz gestiegen ... und sie steigt weiter.

sprengen und unsere Verhaltensformen völlig zu verändern. Nur so können wir die trügerischen Sicherheiten in unserer Beziehung zu *Dem*, was *ist*, aufgeben.

Es wird Zeit zu akzeptieren, dass wir an einem Höhepunkt des 'Tanzes von Shiva' angelangt sind - wie ich diese Epoche nenne. Darin kündigt sich die Auflösung all dessen an, was bislang stabil und endgültig erschien.

In der Steigerungsform dieses Tanzes kommt symbolisch die Göttin Kali zum Ausdruck.

In der hinduistischen Tradition ist Kali niemand anders als Shivas Paredra - eine schwarze Göttin, die alles Toxische verbrennt, das Aufbauende und Verbindende hingegen schützt. Derselben Tradition gemäß schützt die Verehrung Kalis und all dessen, wofür sie steht, vor Zerstörungsangst.

Wenn man nun bedenkt, dass unser Lebenszyklus in den ältesten Sanskritschriften 'Kaliyuga' - Kali-Zeitalter - genannt wird, so kann einem das schon zu denken geben. Es verweist doch recht deutlich auf den notwendigen Umbau unserer Behausung ... Allerdings müssen wir diesen Umbau nicht fürchten, wenn wir seinen Sinn verstehen: Die Erweiterung unseres Lebensraumes in das 'Haus des Vaters'.

Nun kann man sich mit Fug und Recht ein paar Fragen stellen: Gibt es Werkzeuge, die dabei helfen können, unsere trügerischen Gewissheiten loszulassen? Gibt es für den Ausbau unserer gegenwärtigen Wohnstatt eine geeignete Methode, also etwas, das bewirkt, dass wir nicht mehr nur frustrierte Bewohner sind, sondern sie ganz bewusst künstlerisch gestalten können?

Unsere Wohnung umbauen: Eine Methode aus dem alten Ägypten

Um diese Frage zu beantworten, möchte ich auf Wissen zurückgreifen, das im alten Ägypten unter dem Pharao Echnaton geläufig war und Jahrhunderte später an eingeweihte Essener weitergegeben wurde.

Den Priester-Therapeuten, die zu jener Zeit unterrichteten, war aufgefallen, dass der Mensch dazu neigt, seine Gedanken ein bis zwei Stunden pro Tag frei fliegen zu lassen. Aus ihrer Sicht spielte dieses Umherschweifen des Bewusstseins eine ganz ähnliche Rolle wie das nächtliche Träumen.

Heutzutage mag uns das Nachlassen der Aufmerksamkeit eher als Realitätsflucht erscheinen, doch damals wurde gerade Momenten 'geistiger Abwesenheit' größte Bedeutung zugemessen. Sie können sehr förderlich sein und dazu beitragen, uns im Leben besser zurechtzufinden. So sahen es zumindest die damaligen Priester-Therapeuten. Daher lehrten sie ihre Studenten, anstatt Augenblicke ungezügelter Realitätsflucht abzuwarten, lieber regelmäßig Pausen zu machen, ganz gleich, ob sie gerade sehr beschäftigt waren oder ihre Tage ruhig verliefen. Den Schülern wurde empfohlen, vier bis fünf Mal am Tag die Augen zu schließen und ihre Gedanken auf das zu konzentrieren, womit sie sich gerade beschäftigten. Es ging darum, ganz klar zu sehen, worin ihr Problem oder ihre Aufgabe genau bestand, aber auch die Lebensbahn aufs Ganze gesehen in den Blick zu nehmen.

Die Technik, die einst unterrichtet wurde, bestand darin, ganz spontan ein Symbolbild in sich aufsteigen zu lassen, während die Gedanken in die genannte Richtung gingen. Die aktuelle Beschäftigung sollte also ganz konkret mit einem Symbol verbunden werden. Sobald man es identifiziert hatte, ging es darum, zu verstehen, was mit diesem Symbol gemeint war. So ging die Übung weiter, denn die Therapeuten gingen davon aus, dass es Ausdruck einer wesentlichen Facette des betreffenden Menschen war, die berücksichtigt werden musste. Das Symbol konnte bei der Überwindung von Schwierigkeiten oder der Verwirklichung eines Projektes helfen.

Trat während der Übung im Zusammenhang mit einer bestimmten Situation etwa das Bild einer Spinne auf, so konnte man daraus schließen, dass der Betreffenden sich gedanklich zu intensiv mit seinem Problem beschäftigte oder den Hoffnungen, die er hegte, selbst im Wege stand, weil er gleichsam zu sehr eingesponnen war.

Sobald er das Symbol erkannt und verstanden hatte, konnte der Schüler sich an die 'Visualisierung' machen, wie wir heute sagen würden, Bilder zu der Situation aufsteigen lassen oder sich den idealen Ablauf vor Augen stellen.

Sobald die vom Symbol verkörperte Problematik deutlich geworden war, musste sich die Seele also bewusst machen, dass sie in der Lage war, ungeahnte Pforten zu öffnen und freier voranzuschreiten.

Zu jener Zeit, als diese Übung gelehrt wurde, sprach man noch nicht von Visualisierung, sondern von 'bewussten

Träumen' - bei erfahrenen Schülern auch von 'gelenkten Träumen'. Auch wenn die Übungen zunächst anstrengend oder gar eintönig anmuteten, so lernten die Schüler doch recht schnell, sich in ihrer inneren Welt zu bewegen und ihre Stärken und Schwächen herauszufinden. Ziel war es, den Geist zu lenken, damit er nicht willkürlich aus der Gegenwart flüchtet, sondern sich bewusst daran orientiert, sein Leben zu verbessern.

Man wusste bereits, dass die Außenwelt des Menschen eine Folge seiner Innenwelt ist. Diese zu beherrschen, führte also dazu, dass sich auch im Äußeren etwas verändert.

Natürlich hatten die alten Ägypter und Essener ganz andere Symbole als wir, doch das Prinzip ist das Gleiche: Zunächst einmal versetzt man sich in die ideale Situation. Dann lässt man innerlich die Lösung des Problems wie einen Film ablaufen und ruft zugleich ein Symbol auf, das man im Sinne der eigenen Kultur deutet.

Diese Übung muss man regelmäßig wiederholen. Es wird einem dann eines Tages auffallen, wie das Symbol sich zum Positiven verwandelt oder gar völlig verschwindet.

Vor zwei- oder dreitausend Jahren wusste man noch nichts von Hologrammen, kannte aber sehr wohl die aufbauende - oder auch zerstörerische - Kraft der Gedanken. Es war bekannt, inwiefern sie das Leben prägen, auch dass die Seele ihre 'Wohnstätten' nach ihrem eigenen Bilde formt.

Für die alten Völker des Mittelmeerraumes lag der Keim unserer Welt im grenzenlosen Raum des Bewusstseins. Die Verzweigungen dieses Keimlings durch immer klarere und genauere Gedanken zu lenken, hatte also zwangsläufig Auswirkungen auf das Universum 'der Außenwelt' und unsere Beziehung zu ihr.

Ich möchte allerdings noch sagen, dass die individuelle Freiheit bei dieser Technik stets an erster Stelle steht. Ohne Freiheit könnte es keine Freude geben und ohne Freude wäre ein dynamischer Impuls, der wirklich etwas verändert oder neu erschafft, unmöglich. Auch das wurde damals schon bedacht.

Ebenso wichtig war Genauigkeit. Wer 'bestimmen' wollte, wie sein Leben ablief, musste bei den inneren Bildern, die er zu sich rief, aber auch bei der Symbolwahrnehmung so präzise wie möglich vorgehen.

In der Auffassung der alten Ägypter war die oben erwähnte ätherische Welt eng mit der Alltagswirklichkeit verbunden. Sie wurde 'Welt der Vorformen' genannt. Was uns umgibt und auch alles, was wir erleben, nimmt hier Gestalt an ... ist in einem unablässigen Entstehungsprozess begriffen.

Sie wussten um diese Wahrheit und sahen uns Menschen in der Lage, am Aufbau dieser Architektur und ihrer Formen Anteil zu haben.

Der Erfolg dieser Interaktion hängt nicht allein von unserer inneren Dynamik ab, sondern auch davon, wie genau unser 'geführter Traum' ist. Etwas 'Ungefähres' kann auch nur zu 'ungefähren' Ergebnissen führen, die letztlich unbefriedigend sind.

Eine Freundin hat mir einmal eine Geschichte anvertraut, die das sehr schön verdeutlicht. Sie hat es selbst erlebt ...

Sie erzählte, dass sie in ihrer Jugend zu einer bestimmten Zeit davon träumte, einen schönen, roten Sportwagen zu besitzen. Da sie von der Macht des Bewusstseins und seiner Wirkung auf die Welt überzeugt war, machte sie sich an die 'Arbeit' und ging ganz ähnlich vor, wie oben beschrieben. Schon bald tauchte ein junger Mann in ihrem Leben auf, mit dem sie eine Liebesbeziehung einging. Es stellte sich heraus, dass er einen hübschen, roten Sportwagen besaß ... Doch das Abenteuer war von kurzer Dauer - und mit dem Liebsten verschwand auch das rote Auto wieder aus ihrem Leben! Sie begriff, was sie daraus lernen sollte: Was sie im Unsichtbaren errichtet hatte, war zu flüchtig und ungenau gewesen, um der 'psychischen Form', die sie erschaffen hatte, Kraft zu geben.

Die 'Behausung', die wir Tag für Tag bewohnen, hat eben ihre eigenen, unumgänglichen Gesetze. Sie zu kennen und zu verstehen, bedeutet auch uns immer besser verstehen zu lernen. Wenn uns das bewusst wäre - und zwar nicht nur vom Verstand her - so wüssten wir aus Erfahrung, wie wesensverwandt wir unserer Welt sind und welch' eine Wirkung wir auf sie haben.

Wer die Fähigkeit besitzt, in ihre feinstofflichen Abläufe einzudringen, weiß sehr wohl, dass diese an der Oberfläche nicht einfach nur in einer bestimmten 'Atmosphäre' zum Ausdruck kommen, sondern als lichtvolle Materie, die ihren Formen entspricht.

Erwachen ist im Grunde genau das: Es bedeutet keine Grenze mehr zwischen unserem 'Inneren' und der 'Außenwelt' zu ziehen, also im Bewusstsein zu leben, dass wir

Form und Aussehen unseres Universums ständig selbst gestalten – unsere Lebensbahn ebenso wie den gegenwärtigen Augenblick. Genau dadurch werden wir immer mehr zum 'Ebenbild' des Vaters.

Kapitel V

Zwei weitere Pforten des Erwachens …

Von Meditation und Gebet

"Nach dem Bilde …" Diese Wendung erinnert mich immer an einen ganz bestimmten Aufenthalt in Sri Lanka.

Auf dem Dach eines Tempels …

Auf einer Reise legte ich einmal mit meinen Weggefährten in einem buddhistischen Tempel, von denen es im Dschungel von Sri Lanka so viele gibt, eine Pause ein. Es war drückend heiß. Als wir uns in einem schattigen Flur ausruhten, kam ein Mönch auf uns zu. Zunächst wirkte er in seinem safranfarbenen Gewand etwas schüchtern, begann aber bald ein Gespräch. Es gab in der Gegend wenige Besucher, so war er neugierig auf uns. Ich weiß nicht mehr wie es kam, aber nach kaum zehn Minuten hatte er begriffen, dass wir nicht nur hier waren, um die Malereien und Skulpturen zu besichtigen. Es ging uns noch um 'etwas anderes'. Jedenfalls sprach er auf einmal von 'Meditation'. Dieses Wort mag mysteriös anmuten. Es schlägt einen in die Flucht, lässt einen gleichgültig ... oder aber es fasziniert und berührt einen im tiefsten Inneren.

Jedenfalls befanden wir uns schon wenige Minuten später auf der Terrasse des Tempels und erhielten in praller Hitze praktische Unterweisungen.

War uns etwa zu heiß? "Sehr gut", meinte der Mönch augenzwinkernd, "umso eher könnt ihr abschalten ... Also, wer seid ihr?", fuhr er fort, als wir auf den Steinplatten am Boden saßen.

Wir hatten keine Zeit, zu antworten ... "Ihr seid nicht, was ihr zu sein glaubt und lebt auch nicht, wo ihr zu leben meint. Bestimmt hat man euch beigebracht, dass ihr 'seid', weil ihr denkt ... Doch das ist nur Spaß. Es schmeichelt lediglich dem Intellekt und gibt ihm Sicherheit. Hört mir gut zu, wir sind alle 'nach dem Bilde unserer Gedanken'. Aber wir sind nicht unsere Gedanken. Sie sind lediglich Teil unserer Seelenlandschaft - und zwar ein beweglicher Teil. Er zieht vorüber und trägt dazu bei, dass wir zu leben glauben ... Das ist alles!"

Solche Ausführungen waren mir bereits vertraut. Sie kommen in der orientalischen Philosophie häufig vor. Auch hatten sie durchaus Resonanz in meiner Seele, nur ist es nicht leicht, sie in jedem Augenblick des Lebens umzusetzen. Das ist wirklich eine Herausforderung ... und zwar für die gesamte Menschheit.

Schweißtriefend versenkten wir uns also unter Anleitung des Mönchs, der für einen Tag unser Meister war, in die Meditation ... Es ging darum, alles vorbeiziehen zu lassen, was hinter unseren geschlossenen Lidern auftauchen würde, ohne es zu analysieren oder in irgendeiner Weise zu bewerten. Das war die Anweisung. Wie ein Zugreisender sollten wir nur beobachten und die Landschaft als Film vorüberziehen lassen, ohne etwas festhalten zu wollen ...

So vergingen ein bis zwei Stunden, daran erinnere ich mich noch. Dann ging die Lektion nach demselben Muster weiter, nur dass wir jetzt mit halbgeschlossenen Augen im Kreis auf der Terrasse herumgehen mussten. Während wir noch immer auf die Bilder achten sollten, die aus unserem Inneren aufstiegen, galt es zugleich, den Raum um uns zu erspüren.

Als die Übung vorbei war und es Abend wurde, war ich bitter enttäuscht. Im Grunde war gar nichts geschehen ... Es waren natürlich Bilder aufgestiegen, ich hatte jegliches Zeitgefühl verloren - und mein Körper bestimmt einen Liter Wasser, aber das war auch schon alles. Und ich war nicht der Einzige, dem es so ging ...

Wir verließen den kleinen Tempel mit dem heutzutage weit verbreiteten Gefühl, ein wenig 'spirituellen Tourismus' absolviert zu haben. Das mag vielleicht dem Ego schmeicheln, kann aber leicht zur Sackgasse werden, wenn man nicht aufpasst.

In der folgenden Nacht fand ich kaum Schlaf ... Die Meditation schien nicht gerade eine beruhigende Wirkung gehabt zu haben, ganz im Gegenteil. Mein Geist, sonst eher ruhig, war regelrecht aufgewühlt. Bruchstücke meines Lebens waren zusammenhanglos wie Puzzleteile wieder an die Oberfläche getreten ...

Als das erste, golden schimmernde Morgenlicht sich zeigte, war ich völlig erschöpft ... und konnte endlich einschlafen. Zwei Stunden später erwachte ich aus einem unglaublich erquicklichen Schlaf ... Nun war glasklar, was geschehen war! Sofort fiel mir eine der wichtigsten Aussagen ein, die der Mönch gemacht hatte, als wir uns am Vorabend von ihm verabschiedeten: "Ihr braucht ein wenig Geduld ... Wenn man anfängt, sich damit zu beschäftigen, was in unserem Inneren vor sich geht, ergeht es einem, wie wenn man einen Teich aushebt. Der Bodensatz drängt nach oben und das Wasser wird nur umso trüber ..."

Warum hatte ich diesen Hinweis zunächst verdrängt? Wahrscheinlich damit ich erst die Erfahrung machen konnte - und sie dadurch umso kraftvoller wirkt.

Das Besondere aber war, dass die Klarheit, die von mir Besitz ergriffen hatte, noch weit über diesen Bewusstseinsschub hinausging. Sie machte mich vielmehr den ganzen Tag lang zum Beobachter dessen, was ich erlebte.

Die Busfahrt

Dieses Gefühl oder besser gesagt, diese Haltung erreichte ihren Höhepunkt auf der langen Busfahrt, die wir nun antraten ...

Ich empfand mich so sehr 'außerhalb' meiner Persönlichkeit, dass es rasch auf die anderen Reisenden übergriff ... Meine Wahrnehmung der Szene, welche sich mir im Inneren des Autobusses darbot, hatte sich radikal verändert. Sie dehnte sich aus, als wolle sie mir offenbaren, was sich zwischen den Molekülen der muffigen Luft befand, die wir alle atmeten.

Und so begann ich auf einmal, unterschiedlich regelmäßige, harmonische Lichtformen wahrzunehmen, welche die Reisenden wie Satelliten umschwebten und in der Ausstrahlung der jeweiligen Körper gefangen waren.

Ich begriff sogleich, dass ich die Gedanken wahrnahm, die im Inneren des Fahrzeugs kursierten. Bisher hatte ich noch nie so viele gleichzeitig gesehen, auch nicht in dieser Schärfe. Jede der Gedankenformen oszillierte auf eigene Weise. Sie hatten alle ein ganz spezifisches Licht. Manche begegneten sich, stießen aneinander, verdrängten sich gegenseitig oder versuchten sich zu vermischen, mit mehr oder wenig großem Erfolg, als würden sie auf derselben Frequenz des Lebens schwingen.

Da überkam mich blitzartig eine Erkenntnis: Wir sind alle wie Planeten, die ihre inneren Filme auf ihre Umlaufbahn projizieren.

Jeder Mensch entspricht also einer eigenen kleinen Welt, die ganz individuell ausgestaltet ist, ihre eigenen Bewohner und Gesetze hat.

Zugleich wurde mir glasklar - es war geradezu mit Händen zu greifen -, dass in der Menschheit auf Dauer keine Harmonie möglich ist, solange die Planeten 'ihre Monde' nicht im Griff haben, welche sie auf anarchischen Bahnen umkreisen.

Solange unsere innere Ausstattung - also die Einrichtungen der Behausungen, die wir ständig aufbauen und wieder zerstören - nicht aufeinander abgestimmt sind, um eine schöne Wohnung zu bilden, werden wir weiter umherirren ... jeder isoliert in seinem Hologramm.

Allmählich schärfte sich meine Wahrnehmung der Gedankenformen. Schließlich zog ein alter Mann, der dicht neben dem Fahrer auf einer Kiste saß, meine Aufmerksamkeit auf sich.

Irgendetwas übte eine geradezu magnetische Wirkung auf mich aus. Ich spürte, wie ich zunehmend in seine Gedanken hineingezogen wurde, ohne mich dagegen wehren zu können. Etwas befahl mir, mich völlig auf ihn einzulassen und die anderen Leute im Bus zu vergessen. Es war wohl so etwas wie Empathie. Meine Seelenaugen vertieften sich in ihn. Zunächst gerieten sie in eine unklare Region mit schwankenden Bildern ... Doch bald wurde alles recht deutlich ...

Ich sah ein kleines Fischerdorf mit ärmlichen Hütten, die zwischen Kokospalmen am Strand standen. Alles war sehr heruntergekommen. Es wirkte leblos und verblichen, wie auf einer alten Postkarte. Dann hatte ich auf einmal das Gefühl, die Szene mit meinen Blicken wegzufegen. Sie öffnete sich sogleich auf eine jener lauten, durchwimmelten

Gassen, wie man sie im Orient oft antrifft. Das Grundgefühl war bedrückend und traurig, fast schon ekelerregend.

Es wurde alsbald verdrängt von einer anderen Kulisse und zwar dem düsteren Innenraum einer winzigen Hütte aus Lehm und Stroh. Da saß weinend eine alte Frau. Die Atmosphäre war angespannt, wie nach einem Streit: ein rüder Ton, abgehackte Worte, Tränen ...

Dann wurde meine Aufmerksamkeit plötzlich von etwas angezogen, das ganz offensichtlich das Zentrum dieser ganzen Szenerie war, der Kern dieser Gedankenform - oder ihr 'Keim'[9]. Im Inneren stand das Bild eines Scheiterhaufens. Eine finstere Form wurde von Flammen verschlungen. Es waren etwa zwanzig Leute anwesend, Zeugen der ersten Augenblicke einer Verbrennung ...

Welche Geschichte sich dahinter verbarg, weiß ich nicht. Der alte Mann trug sie in sich und verströmte sie in diesem Moment um sich, doch genau habe ich es nie erfahren ... Ich erinnere mich an die einzelnen, verstreuten Bilder nur noch, weil ihre Atmosphäre mir unvergesslich ist ...

Sobald ich den Scheiterhaufen sah, stieg eine Flutwelle innigsten Mitgefühls aus meinem tiefsten Wesen auf ... Es war so intensiv, dagegen war ich machtlos.

Seltsamerweise lag in diesem Anbranden zunächst eine Mischung aus Trauer und Freude, die jedoch bald in einen

9) Wenn man eine Gedankenform genau betrachtet, so wird deutlich, dass sie wie eine Zelle aufgebaut ist. Sie besteht aus einer unbestimmten, eher verschwommenen Zone, die dem Zytoplasma entspricht und einem Zellkern - also dem Keim, welcher die Information enthält, um den herum die Energiemasse sich angesammelt hat.

unsagbar tiefen Frieden überging. Er war so machtvoll und umfassend ... es gab nichts anderes mehr. Da verschleierte sich mein Blick und ein goldenes Licht verbreitete sich um mich ...

Vereinigung

Um *mich*? Im Grunde ist dieser Ausdruck in einem solchen Zustand völlig unpassend ... 'Ich' hatte keine Bedeutung mehr ... zumindest keine, die wir kennen. Es bestand nur noch aus einem winzigen Punkt aus Glück, inmitten einer immensen Ruhe.

Das Merkwürdigste an diesen unvergesslichen Augenblicken aber war Folgendes: Obwohl ich nichts anderes mehr wahrnehmen konnte als diesen Ozean aus goldenem Licht, blieb das, was von 'mir' noch übrig war, dennoch mit der Welt des alten Mannes verbunden, die meinen Blick angezogen hatte - und auch mit den anderen Busreisenden. Ich war zugleich *sie* und *alles*, unerschütterlich, unzerstörbar und von unaussprechlichem Frieden erfüllt.

Ich war dabei, ein neues Zuhause zu entdecken. Es war größer als meine Seele und überstieg alles, was diese fassen konnte. Blendend weiß wie Schnee in der Sonne und zugleich dauerhaft und unverwüstlich wie Diamant. War das die Region des 'höheren Ichs'?

Schon bald hatte ich das Gefühl, all meine Leben überschauen zu können, als würde ich in schwindelnder Höhe über sie hinschweben. Es war mir fast, als könne mich nichts davon mehr berühren. Mein 'Ich' war nicht diese Leben. Es identifizierte sich nicht mit den Spuren, die sie hinterlassen hatten.

Mein innerstes Wesen - meine 'Essenz' - verstand Klang und Logik dieser Leben, so wie man Buchstaben versteht, die sich zu einem Wort zusammenfügen, das dann einen Sinn ergibt. Leichten Herzens, drang 'ich' darin ein. Es war so einfach ...

Weit geöffnet und glücklich, wie ich war, verstand 'ich' endlich, dass die aufeinanderfolgenden 'Behausungen' 'meiner' verschiedenen Leben allenfalls so haltbar waren wie Sandburgen. Eines nach dem anderen wurde von einer Kraft fortgespült wie von einer großen Welle, um den Strand wieder frei zu machen - ihn gleichsam 'sich selbst zurückzugeben'. Das Wunderbarste aber war, dass 'ich' das Gefühl hatte, selbst dieser Strand zu sein. Er verleugnete nicht etwa mein Wesen, sondern entsprach einer höheren, unendlich erweiterten Wahrnehmung seiner Wirklichkeit. Noch das kleinste Sandkorn war mir vertraut und die unendliche Weite, in die er sich erstreckte, war mein Zuhause ... trug auf ganz selbstverständliche Weise sein Gesicht.

Es gab keine Worte mehr, die Verrat übten, keine Ohren, die etwas falsch auffassten und Missverständnisse in die Welt setzten, keine verletzenden Gesten ... Nur noch Stille und lebendiges Licht. Sie hingen über der Zeit ... eine Welle aus Glückseligkeit entdeckte endlich, dass sie nichts war, als Entzückung und Mitgefühl.

Eine höchst aufschlussreiche Ekstase

Schwer zu sagen, wie lange dieser Zustand der Ekstase anhielt. "Mir" kam er lang vor, denn mein Herz war ganz davon erfüllt. In Wahrheit aber muss er wohl recht kurz gewesen sein. Jedenfalls hat keiner meiner Mitreisenden meine 'geistige Abwesenheit' bemerkt. Was mich betrifft - ich spüre bis auf den heutigen Tag, dass ich ganz besonders 'anwesend' war, hellwach dem Leben geöffnet.

Ich hatte die Türe zu meinem wahren Zuhause aufgestoßen. Nun wusste ich, wie es aussah ... und wie eng es mit allen möglichen anderen Bewusstseinsformen zusammenhing ... So konnte ich meine gegenwärtige Existenz nur noch dem Versuch widmen, den Schlüssel dazu zu finden.

Ich erzähle all das, weil ich mich früher oft gefragt habe, wieso es manche Menschen dazu drängt, Monate, Jahre - oder gar ihr gesamtes Leben mit Meditieren zu verbringen. Erst seit diese Augenblicke der Ewigkeit sich mir plötzlich offenbarten, kann ich mich einer Antwort nähern. Sie ist ganz einfach: Die Meditation kann ein geeigneter Weg sein, sich dem eigenen 'Zuhause' zu nähern - oder es zumindest einmal zu spüren, seinen Duft zu erahnen.

Recht verstanden ist sie also keine Flucht - etwa vor den täglichen Aufgaben, die wir auf Erden haben. Sie ist eher wie ein Pfad im Gebirge, der schnell über die Wolken hinausführt. Es ist ein Weg, der uns zeigt, dass wir noch für ganz andere Dinge Verantwortung tragen. Er führt uns vor Augen, dass die vielen 'Wohnungen', die wir uns bauen und in denen wir zu versumpfen drohen, letztlich eine Illusion sind.

Nun wurde mir klar, wie Meditation uns helfen kann, wieder *'nach dem Bilde des Lebendigen'* zu werden - also uns selbst jenseits aller Drehbücher und Masken wieder herzustellen!

Seit jenem Tage in einem abgelegenen Winkel Sri Lankas, der für mich zu einem Tag der Erleuchtung wurde, frage ich mich ständig, wie man überhaupt noch 'Ich' sagen kann, ohne, dass zugleich das 'höhere Ich' angesprochen ist.

Vielleicht gibt es auf diese Frage im umtriebigen Alltag unserer inkarnierten Existenz keine Antwort. Vielleicht ist es in unserer gegenwärtigen Behausung nicht möglich, die Falle dualistischer 'gewichtiger Worte' zu umgehen ... Es ist fast, als sollten wir darauf aufmerksam gemacht werden, dass das einzige Haus des Vaters - oder besser, des Namenlosen - auf ewig unser Lebensraum ist: eine lebendige Stille.

Paradoxerweise wurde mir an jenem Tag auch bewusst, dass Meditation keineswegs nur ein Selbstzweck ist, sondern die Einladung, zu sich zurückzukehren - also zum ursprünglichen Buddha oder Christus, aus dem wir geboren sind - ein Ort, an dem zugleich immer schon *etwas* war, das uns vorausging.

Vom Gebet

Wenige Jahre nach diesem bedeutsamen Erlebnis, kam ich mit der 'Zwillingsschwester' der Meditation in Berührung -

mit dem Gebet. Es ist ein nicht minder kraftvoller Weg. Wir meinen, ihn zu kennen, doch da gibt es noch viel zu entdecken.

Wer eine religiöse Erziehung erhalten hat, musste wohl eine ganze Reihe geweihter Worte auswendig lernen. Sie werden oft heruntergeleiert, ohne überhaupt verstanden zu werden.

Wie viele andere Menschen auch, habe ich 'meine spirituellen Hausaufgaben' durchaus gemacht, allerdings lange Zeit, ohne die tieferen Zusammenhänge zu verstehen. Ich wusste viel zu wenig, um den wahren Schlüssel zu finden.

Damit ein Gebet wirklich bedeutsam ist und geistig eine Türe aufgeht, genügt es eben nicht, jemanden zum Beten anzuweisen.

Man betet ja meist nur aus Bedürftigkeit, Gewohnheit oder weil man Angst hat. Ganz selten geht es dabei um die Entdeckung einer anderen Dimension des Lebens oder seiner selbst. Wir bitten unwillkürlich um Hilfe oder um göttliche Gnade, in der Hoffnung auf einen Befreiungsschlag – der von außen kommen soll!

Um diesen unbewussten Zirkel, diese tiefen Gräben der Gewohnheit zu durchbrechen, muss man manchmal in eine besondere Situation geraten. So 'hart' ein solches Ereignis im Einzelfall auch sein mag – es kann doch den Zugangscode zu einer höheren Lebenssphäre beinhalten ... wenn man sich die Mühe macht, sich näher damit zu befassen.

In eine solche Lage brachte mich mein Lebensweg auf einer weiteren Reise. Diesmal war ich im Himalaya und schlug mich gerade auf fast viertausend Metern Höhe mit einer schweren Hepatitis herum, fernab all der Annehmlichkeiten einer Stadt. Der einzige Vorteil: Ich war zutiefst überzeugt, am richtigen Ort zu sein. Als einzige Medizin hatte ich eine Meerrettichwurzel bei mir, auf der ich herumkauen konnte, sowie Tabletten auf Pflanzenbasis von einem *amchi*.[10]

Im Grunde war mir glasklar, wie es um mich stand. Ich befand mich auf Messers Schneide. Allein meine innere Kraft konnte mich retten – die Fähigkeit, mich mit meinem wahren Wesen zu verbinden.

Zum Meditieren fühlte ich mich viel zu schwach. Dazu war ich nicht in der Lage ... So begann ich, ohne lange zu überlegen oder mich in irgendeiner Weise dafür zu entscheiden, einfach zu beten ... die Gebete meiner Kindheit. Ich hatte sie natürlich schon hunderttausend Mal rezitiert. Sie konnten mir allenfalls ein wenig Halt geben.

Allerdings merkte ich sofort, dass ich nun ganz anders betete. Ich sprach die rituellen Worte nicht 'rein äußerlich', sondern 'von innen heraus', tief verinnerlicht.

Anders kann man es kaum ausdrücken. Ich befand mich 'in meinen Gebeten' mitten im Herzen der aneinandergereihten Wörter und Klänge. Außerdem war mir, als würde ich zum ersten Mal ihren wahren, tieferen Sinn verstehen – ohne dafür meinen Verstand zu brauchen.

Ganz intuitiv reihte sich übergangslos ein Gebet ans nächste, wie Perlen auf einer Schnur ... mit unglaublicher Leichtigkeit. Meine Seele wurde zur Achse eines Reigens

---

10) Ein Lama und traditioneller tibetischer Arzt.

von Worten, die gleichsam ein Collier bildeten. Das sanfte Gemurmel der Gebete schnurrte wie ein Motor in meinem Inneren. In der dunklen Nacht gab ich mich seinem Summen ganz hin ... ... bis mein Bewusstsein schwand.

Die Entdeckung eines heiligen Mechanismus

Die Nacht verlief ungestört. Bald schien ein erster, sanfter Schimmer Morgenlicht durch das Ölpapier, welches meiner Unterkunft als Fenster diente. Mein Bewusstsein war hellwach. Ich merkte es sofort: Das Gebet vom Vorabend war wie von selbst in mir weitergelaufen ... Es war sofort wieder da, ging mir im Kopf herum und durchlief leichthin mein ganzes Wesen. Jede Zelle schien davon durchdrungen.

Hatte ich etwa die ganze Nacht gebetet - auch während ich in tiefem Schlummer lag? Ich zweifelte keine Sekunde daran, so innig waren die heiligen Worte mir eingeprägt. Ja, sie hatten sich in meinem Körper und Bewusstsein so eingenistet, dass ich Mühe hatte, sie wieder loszuwerden, um aufstehen zu können.

Innerhalb weniger Stunden war Beten mir zur zweiten Natur geworden und ich hatte es nicht einmal bemerkt. Der Zustand des Betens war wie Atmen. Es erschien lebenswichtig ...

Ich weiß noch, dass ich zutiefst erstaunt darüber war, aber auch sehr glücklich. Mit Tränen in den Augen fragte ich mich, ob das Gebet von alleine in mir weitergebetet hatte – oder ich selbst zu einem Gebet geworden war. Von so etwas hatte ich noch nie gehört. Es war zutiefst beunruhigend, daher zog ich es vor, mit meinen Reisegefährten nicht darüber zu sprechen. Andernfalls hätte ich das Gefühl gehabt, an etwas Heiligem Verrat zu üben.

Im Grunde hatte ich nur noch einen einzigen Wunsch – es sollte so schnell wie möglich wieder Abend werden, die Nacht sollte kommen, damit ich die Erfahrung, sofern das möglich war, noch einmal machen konnte ... Meine körperliche Schwäche kam mir dabei natürlich sehr entgegen. Und wirklich – zunächst hatte ich befürchtet, eine äußerst seltene Verschmelzung mit der Schwingung ritueller Worte erlebt zu haben, doch dann war es wie in der Nacht zuvor. Dasselbe Gebet reiste wieder in mir durch die Nacht, um am nächsten Morgen glasklar von meinen Lippen zu fließen.

Mein Tag war völlig verwandelt. Ich war mir sicher, ein kraftvolles Geheimnis der Ruhe und Reinheit entdeckt zu haben.

Es ist wohl überflüssig zu sagen, dass ich mich in der darauffolgenden Nacht, tief in meinen Schlafsack gehüllt, wieder in *mein* Gebet vertiefte und dabei ein noch größeres Glück empfand. Wieder schlief ich im stillen Reigen der Worte ein ... hatte dann aber auf einmal das seltsame Gefühl, mitten im Schlaf zu erwachen. Mein Körper schlief tief und fest, das *wusste* ich einfach. Aber mein Bewusstsein schien von ihm befreit zu sein. Es war ähnlich wie bei einer bewusst eingeleiteten außerkörperlichen Erfahrung, nur dass ich diesmal nichts in dieser Richtung unternommen hatte.

Das Allerheiligste

Kurz darauf befand ich mich in einer riesigen Kathedrale oder einem großen Tempel. Bis heute weiß ich nicht recht, wie ich diesen Raum beschreiben soll, denn seine Architektur, das Gepräge der Kuppeln und Mauern, entsprach keiner bekannten Kulturepoche. Es war eine erstaunliche, geradezu erhabene Verbindung orientalischer Elemente mit Bauteilen aus dem mittleren Osten und Einflüssen des abendländischen Mittelalters. Insgesamt wirkte der Raum so reich und schlicht zugleich, wie man es in der ägyptischen Kunst antrifft.

Mit geradezu hellsichtiger Bewusstseinsklarheit bewegte ich mich zwischen den Säulen und Kuppeln. Ich ging umher – besser gesagt, ich glitt zwischen ihnen durch. Alles war mir so vertraut! Ich weiß noch, dass ich dachte: 'Ich muss schon oft hier gewesen sein'. Wie das Licht auf den Altären und Statuen spielte ... jede Nuance war mir inne. Sogar die weißen Steinplatten am Boden kannte ich genau. Es war, als seien meine Seelenfüße schon unzählige Male darüber gegangen.

Seltsam ... selbst unmittelbar nach diesem einschneidenden Erlebnis konnte ich die Statuen und Altäre nicht zuordnen und auch mit niemandem darüber sprechen. Zwar wusste ich genau, was sie zum Ausdruck bringen wollten, kann aber bis auf den heutigen Tag keine Begriffe oder Bilder dafür finden, Jedenfalls hatten sie keinen religiösen Hintergrund, eher schon waren sie 'universell'.

Der mit Figuren und Altären geschmückte Raum, in dem ich mich bewegte, schien aus einem weisheitsvollen Licht heraus geschaffen zu sein. Es war eine Region reiner Schönheit, die niemandem 'gehörte'.

Ich fühlte mich intuitiv von einer kleinen Türe angezogen, die recht weit entfernt von mir zwischen zwei Säulen lag. Als ich näher kam, sah ich, dass sie nur aus einem schlichten Vorhang bestand, der regenbogenfarben schimmerte. Dann spürte ich, wie ich ihn durchdrang, als wäre er gar nicht da ... oder bestehe nur aus Dunst. Alsbald befand ich mich in einem mittelgroßen Saal mit Mauern aus Rohsteinen.

Da wurde meine Seele von Gefühlen überwältigt, die so intensiv waren und von soweit herkamen, dass ich sie noch heute spüre, wenn ich daran denke. Wie sehr war ich hier 'zu Hause'! Alles war mir vertraut! Alles - so wenig es war ... am Boden ein paar farbig schimmernde Kissen und eine kleine Palme, die durch ein buntes Fenster safranfarben beleuchtet wurde. Auf einer Truhe lagen drei oder vier alte Bücher. Besonders beeindruckten mich die Steine der Mauern und gewölbten Decke ... Oh, diese ockerfarbenen Steine! Sie schienen all meine Erinnerungen zu enthalten, waren getränkt mit allen Geheimnissen meines Wesens, seit Anbeginn der Zeiten!

Sogleich begann im tiefsten Innersten meiner Seele *etwas* zu weinen ... vor lauter Freude, Frieden und Lust, Zärtlichkeit zu spenden. Ich weiß nicht, ob dieser Zustand lange dauerte, denn es legt sich sogleich ein Schleier über meine Erinnerung. Dann war wieder Morgen und ich sprach innerlich meine Gebete.

Mit dieser so denkwürdigen dritten Nacht endete das Erlebnis. Noch Monate suchte ich nach seiner genauen Bedeutung. Dabei fragte ich mich auch, was der Gebetszustand - der Zustand, in dem die Seele sich widerstandslos auf jene Schwingungsebene begibt - mich lehren wollte.

Die Antwort bekam ich, als ich schon nicht mehr damit rechnete, im Angesicht eines weißen Blattes aus meinem kleinen Notizheft, das ich stets bei mir in der Jacke trug. Ich saß im Zug, den ich damals fast täglich nahm ... also an einem lauten Ort voller Menschen, wo man am allerwenigsten damit rechnet, ein 'Geschenk des Himmels' zu erhalten.

In diesem Fall offenbarte sich der Himmel in Form einer Stimme, die unvermittelt in meinen Kopf eindrang ... vielleicht weil er gerade leer war. Müdigkeit bringt ja zuweilen eine fruchtbare Leere mit sich ...

So machte ich mich daran, zügig aufzuschreiben, was mir diktiert wurde.

Ein Einweihungsgebet

"In jener Nacht bist Du in einen Bereich eingedrungen, den man als Allerheiligstes *bezeichnen könnte. Du hast bei klarem Bewusstsein deine persönliche* heilige Stätte *oder, wenn du so willst, dein persönliches Refugium entdeckt. In ihm kommt der ideale Aufbau deiner Seele zum Ausdruck. Es entspricht dem Lichtpunkt, den dein Wesen braucht, um wieder zu sich zu kommen und neue Kraft zu schöpfen. Es ist ein Heimathafen zwischen den Welten, eine 'Lebensblase', die dir ganz eigen ist. Wie ein geschickter Glasbläser hast du sie aus der Zeit herausgehoben.*

Entsprechend kann sich jeder von uns seine eigene Blase erschaffen. Da sie unmittelbar aus einem Menschen herausgesetzt wird, ist sie stets ein Abbild seines Entwicklungszu-

standes. Es ist gleichsam die Kondensation seines Wesens im Unsichtbaren.

Jede Seele kann sich also ihr Refugium errichten, so wie man eine Wohnung oder ein Haus einrichtet. Es ist dies ein rein virtueller Bereich, vergleichbar der verdichteten Aura der höheren Stufen unseres Wesens, die er in gewisser Hinsicht zum Ausdruck bringt. Es ist eine ganz eigene Welt – wahres Zuhause und Heimathafen jedes Menschen, der sein Leben bewusst gestaltet. Es entsteht nach Maßgabe unseres persönlichen Wachstums und folgt dem Rhythmus unserer Wandlungen. Es ist keineswegs 'die Welt des Jenseits' oder 'des Lebens vor der leiblichen Geburt'.

Es ist ein privater Tempel, ein Garten, in dem man sich erholen und Trost finden kann. Jede Seele trägt die Kraft in sich, einen solchen Ort zu entwerfen und sich darin einzurichten. Du hast deinen schon vor langer Zeit errichtet ... und es nur vergessen. Im Wachzustand deines Alltags scheint es ihn nicht zu geben.

Viele Menschen wissen einfach nicht, dass sie diesen Ort besitzen. Um ihn zu entdecken, muss man mit sich selbst wieder in Verbindung treten. Erst dann kann man seine Bedeutung wirklich verstehen ...

'Sich mit sich selbst verbinden' – das klingt wie ein 'Sesam-öffne-dich', der so manche Pforte entriegelt. Allerdings ... so magisch diese Einsicht auch anmutet, so vage ist sie – und wird entsprechend oft missbraucht. Man betet die Silben herunter wie Tropfen eines Wundermittels.

Aber weißt du, in einem Wort allein liegt noch keine befreiende Kraft. Ein Wort, das man geistig und gefühlsmäßig erfasst, hat gewiss eine große Bedeutung - doch eine echte Kraft ist es nicht. Diese liegt nicht in der Worthülle, sondern in der Schwingung des Wortes. Sie gehört nicht zum 'Wortschatz', sondern kommt erst zum Vorschein, wenn es einem gelingt, den Klang des darin enthaltenen 'eigentlichen Wortes' zu enthüllen.

Wer nicht zu diesem inneren Keim eines Wortes oder einer Wortfolge vordringt, wird auch den Schlüssel, der darin verborgen liegt, nicht finden.

'Sich mit sich selbst verbinden' heißt letztlich 'eins zu werden' - nicht nur mit dem, was wir als unser ursprüngliches Wesen empfinden, sondern auch mit dem Lebensstrom selbst ... und zwar jenseits aller metaphysischen Vorstellungen. Wir vereinigen uns dabei leiblich, seelisch und geistig mit dem Lebenskeim in uns. Das Gebet ist ein möglicher Weg, diesen Zustand allmählich zur Entfaltung zu bringen.

Bevor es dich mit anderen Wirklichkeiten in Verbindung bringt, macht es dich mit deinem eigenen Allerheiligsten vertraut, mit einer deiner 'Wohnungen' - deinem schützenden Zuhause.

Das Geheimnis des Gebets liegt also weder im Sinn seiner Worte noch in seinem melodischen Klang. Sinn und Klang verstärken lediglich einen kollektiven Motor[11]*, der Kraft und Vertrauen spendet ... Es ist ein kostbarer Motor ... Er*

11) Dieser kollektive Motor erschafft einen Egregor, also ein Reservoir mentaler Bilder, die derselben ‚Schwingungsfamilie' angehören.

gehört aber nicht zu jener Kraft, die uns mit dem Ursprungskeim verbindet.

Als du dich ins Gebet vertieftest, voller Hingabe in diesen Hohlraum eintauchtest und den Stoff deiner Seele von seinem Geist prägen ließt - hast du erlebt, was du erlebt hast.

Weil du nichts erwartet und nichts von ihm verlangt hast, was von deiner inkarnierten Persönlichkeit herrührt, konntest du dich, ohne es zu wissen, dem Wort ein wenig nähern und etwas von seiner Kraft spüren.

Das Gebet öffnet die Türe zu vielen Wohnungen ... Entscheidend ist aber wohl die Pforte zu unserem eigenen Allerheiligsten. Als Atempause außerhalb der Zeit belebt sie unsere Erinnerung und bestärkt uns Reisende, die wir ja alle sind.

Sei also Gebet, sooft du nur kannst. Dann wird dein inneres Zuhause dich mitziehen, wenn es sich weitet. Es wird dein Sprungbrett werden und deine Flügel ..."

Unsere Seelenwohnung besser verstehen

Als diese Worte, ungeachtet des Ruckelns des Zuges, der mich an jenem Abend nach Hause brachte, schließlich in meinem Notizbuch gelandet waren, hatte ich sie gewiss noch nicht vollständig verstanden und schon gar nicht ihre ganze Tragweite ausgelotet. Es mussten erst Jahre vergehen, bis ich sie wiederentdecken und ganz anders aufnehmen konnte. Inzwischen hat der Begriff *Allerheiligstes* seine volle Bedeutung in mir entfaltet. Das innere Bild des *Sanctum*, das ich mir im sogenannten 'Unsichtbaren' baute, wurde für mich zu einem echten Zugangscode, den ich nun verwende, um mit mir selbst in Verbindung zu treten.

Dieses persönliche *Allerheiligste* ist natürlich ein Hologramm. Das ist mir vollkommen klar. Es ist eine virtuelle Sphäre, die im Unendlichen schwebt und eng mit meinem Grad an Feinfühligkeit zusammenhängt. Sie ist eine Art Raststätte auf meinem Weg und ich habe das Glück, mich dort ausruhen zu dürfen.

Auf der anderen Seite ist mir auch voll bewusst, dass dieser Ort, so virtuell er auch sein mag, nicht weniger 'wirklich' ist als jener, an dem ich Tag für Tag lebe ...

Zuweilen lade ich andere Seelen dorthin ein, sofern sie die entsprechende Schwingungsebene wahrnehmen können oder bereits ins sich tragen. Dann vermögen sie einzudringen.

So wird das *Allerheiligste* meines Bewusstseins - und Herzens - zu einem Ort der Begegnung, des gegenseitigen Austausches und Lernens ... stets in freudiger Stimmung.

Ich erwähne diesen Umstand zum ersten Mal in einem Buch, aber natürlich nicht, um eine Besonderheit meines persönlichen Weges hervorzuheben. Vielmehr möchte ich damit Menschen einen Schlüssel an die Hand geben, die bereit sind, diesen zu erkennen und sich zu Eigen zu machen. Jeder von uns kann sich nämlich seine eigene lichtvolle Ruhezone errichten und sich darin erholen. Man kann diesen Raum aufsuchen so oft man will - bewusst oder unbewusst. Man kann sich darin beruhigen, Bilanz ziehen und seinen 'Seelenvertrag' überdenken.

Bei mir hat das Gebet - das Wesen des Gebets - den Weg zu diesem Raum freigelegt.

Darum möchte ich jeden ermutigen, ein Gebet in seiner ganzen Heiligkeit nachzuempfinden und es nicht nur als Beruhigung des Geistes aufzufassen ... oder als 'Garantie ins Paradies zu kommen', wie ich es gelegentlich zu hören bekomme.

Es ist vielmehr unleugbar ein Schlüssel. Doch man darf ihn nicht nur anwenden, wenn es einem gerade schlecht geht oder man das Gefühl hat, es sei an der Zeit, wieder einmal an seine Seele und das Göttliche zu denken. Wenn man ein Schloss nicht regelmäßig benutzt, klemmt es und rostet ein. Gerade die regelmäßige Anwendung einer Handlung macht ihre Kraft aus, sei sie nun geistig oder körperlich. Vergisst man hingegen immer wieder die Handlung auszuführen, so geht uns ein Teil ihres Potenzials verloren.

Allerdings kann ein Weg immer nur ein Weg sein. Man darf nicht denken, dass die Versenkung in Gebet oder Meditation ein unverzichtbares Mittel sei, uns den intimen Raum unseres dem Göttlichen zugewandten Wesens - also seiner letzten Wahrheit - zu eröffnen. Überdies sind Meditation und Gebet für viele Menschen mit religiösen Vorstellungen belastet. Nicht jeder fühlt sich damit wohl, manche sind geradezu 'allergisch' dagegen.

Was wir 'Geist' nennen, ist an sich nicht 'religiös'. Es *ist* einfach nur. Religiosität ist erst durch menschliche Bedürfnisse entstanden, weit jenseits der Quelle allen Lebens, unserer gemeinsamen Essenz. Darum ist es manchmal einfacher, sich mit seinem 'höheren Ich' zu verbinden - oder eben mit dem davor gelegenen Raum, wie im Beispiel des *Sanctum* - wenn man nicht von einem bestimmten Glauben geprägt ist. Sich keiner bestimmten religiösen Tradition verbunden zu fühlen, kann im Bewusstsein einen 'Freiraum' schaffen, der leicht den Weg bahnt, zu einem *Allerheiligsten* und schließlich zu sich selbst.

Das Vorhaben, sich einen Weg zur lichtvollen Rast zu bahnen und dieses persönliche *Sanctum* als geistiges Sprungbrett zu nutzen, wird jedoch vage bleiben, wenn man noch nicht damit vertraut ist, wie das geht, wie man sich ganz bewusst einen solchen Ruheraum errichten kann: *den* Wohnort, an dem man sich wirklich zu Hause fühlt.

Wie man sein Allerheiligstes errichtet

Sich einen solchen Bereich zu erschaffen, ist gar nicht so schwer. Es ist keineswegs auserwählten Menschen vorbehalten. Man muss nur Selbstvertrauen haben, sich etwa zehn Minuten am Tag Zeit nehmen und bereit sein, sein inneres Inventar ehrlich zu betrachten.

Die Methode, die ich empfehlen möchte, ist ganz einfach.

Zunächst einmal müssen wir unserer Seele einen Namen geben, der uns gefällt - vielleicht jenen Namen, den wir am liebsten tragen würden, dessen Klang also unserer Grundstimmung und Sensibilität entspricht.

Dieser Name muss geheim gehalten werden. Es ist wichtig, dass er ein Teil unseres inneren Gartens bleibt. So kann er auch bei anderen Übungen zum Einsatz kommen.

Dann müssen wir noch den idealen Moment am Tag wählen, an dem wir unser *Allerheiligstes* aufbauen. Entscheidend ist, die Übung regelmäßig zu machen. Für die meisten Menschen liegt der ideale Zeitpunkt wohl abends vor dem Schlafengehen. Das Wichtigste ist, dass sie Freude bereitet und bald zur Gewohnheit wird.

Sobald man sich dafür entschieden und die Rahmenbedingungen festgelegt hat, muss man nur noch die Augen schließen und versuchen, sich zu entspannen. Dann stelle man sich einen Ort vor, der einem genau entspricht. Es sollte ein Raum sein, der uns 'ähnlich ist', also dieselbe 'Seelenfarbe' hat, wie wir. Wie sieht dieser Raum aus? Wie fühlt er sich in unserem Inneren an, wie empfinden wir ihn? In welches Licht soll er getaucht sein ... Hat er ein Dach oder liegt er draußen in der Natur? Der Fantasie sind keine Grenzen gesetzt, da wir ihn ja vollständig selbst erschaffen – als Architekt und Erbauer zugleich.

Gebt euch Mühe, so genau wie möglich zu sein. Noch die kleinsten Details sollten hinter euren geschlossenen Augenlidern erscheinen. Versucht aber nicht, mit aller Gewalt etwas zu visualisieren. Geistige Anspannung ist völlig kontraproduktiv. Lasst einfach alle Elemente eurer 'inneren Ausstattung' in aller Ruhe nach ihrem eigenen Rhythmus zu euch kommen.

Es ist nicht schlimm, wenn ihr sie nicht sofort 'seht'. Versucht einfach immer mehr ihre Nähe zu spüren ... und wie gut diese eurer Seele tut. Sie werden auch so aus dem Raum aufsteigen, den euer Bewusstsein geschaffen hat.

Außerdem könnt ihr euch in eurem idealen Zuhause gerne bewegen. Es ist nicht einfach ein zweidimensionales Bild. Ihr könnt wirklich wunderbare Momente darin verbringen ... Schließlich ist es ein Teil von euch.

Damit es gelingt, diesen Raum aufzubauen, solltet ihr natürlich möglichst authentisch sein und Klischees vermeiden. Es ist nicht nötig, sich an irgendwelche Vorgaben 'spiritueller Suche' zu halten.

Euer 'Allerheiligstes' muss also nicht unbedingt aussehen wie eine Kapelle oder etwas Ähnliches. Ebenso gut kann es eine Bibliothek sein – warum denn nicht, ... eine bescheidene Hütte, ein Saal in einem Schloss, ein Strand oder ein Berggipfel. Das ist ganz gleich ... solange es euch nur ähnlich ist und ihr glücklich seid, euch dorthin zurückziehen zu können.

Die letzte Phase der Übung besteht darin, unsere Seele bei dem geheimen Namen zu rufen, den wir ihr gegeben haben und sie aufzufordern, sich in den Raum zu begeben, den wir für sie errichtet und ihr zugedacht haben.

Ihr könnt sie ruhig mehrmals dazu auffordern und euch das immer wieder in Erinnerung rufen. Danach dürft ihr einfach einschlafen. Euer Appell und die Visualisierung werden von selbst nachwirken – kurz gesagt, eure Autosuggestion.

Die Wirkung wird zunächst unbewusst bleiben, doch allmählich werden Gefühle und Erinnerungen auch im Wachzustand immer schärfer an die Oberfläche dringen. Es kann sogar sein, dass ihr aus dem Schlaf erwacht und glasklar gnadenvolle Momente des Friedens in eurem persönlichen Allerheiligsten verbringen dürft.

All das wird natürlich ein wenig dauern. Es braucht Zeit, aber eben auch Ausdauer. Geduld ist ebenso gefragt, wie Vertrauen und Freude an der Sache. Es kommt ganz darauf an, wie motiviert wir sind. Doch ist es nicht ein wunderbares Unterfangen, unserer Seele mehr Raum zu geben und ihr als Ausgangspunkt für den Aufbruch in höhere Regionen ein Zuhause zu bieten, das ihr entspricht?

Wir dürfen eines nicht vergessen ... wir sind Schöpfer. Wir entwickeln uns Schritt für Schritt weiter, indem wir uns selbst formen und in der Materie 'Licht' zum Strahlen bringen.

Kapitel VI

Im Reich der Archetypen

Die Sphäre der Archetypen nimmt unter den Welten, mit denen unsere Seele zu tun hat, eine besondere Stellung ein. Es mag überraschen, dass ich sie in einem Atemzug mit den 'Behausungen', die wir hier gemeinsam besuchen, erwähne. Aber ist ein 'Haus' nicht ein Ort, an dem sich Leben nach ganz eigenen Gesetzen entfalten kann? Wenn man sich noch nie auf angemessene Weise mit Archetypen befasst hat, fehlt einem der Zugang zu diesem Universum. Man muss nämlich wissen, dass es nicht nur eine bestimmte Ordnung hat, sondern auch sehr aktiv ist und sich ständig weiterentwickelt.

Um es gleich zu sagen: Archetypen sind lebendige Wesen. Die Strahlkraft ihres Schwingungszustandes kann zum Leitstern werden. Sie ist für uns Menschen ständige geistige Nahrung.

Bevor ich darauf eingehe, wie ich dazu komme, eine solche Behauptung aufzustellen, möchte ich zunächst einmal versuchen zu bestimmen, was ein 'Archetyp' überhaupt ist.

Fragt man Leute in seiner Umgebung nach der Bedeutung dieses Begriffes, so bekommt man meist zu hören, es sei ein Synonym von 'Symbol'. Das ist nicht ganz falsch. Allerdings verbirgt sich hinter diesem 'nicht ganz' eine erhebliche Ungenauigkeit.

Archetypen und kollektives Unbewusstes

Ein Archetyp ist wirklich ein Symbol, allerdings ein sehr universelles. Es gehört keiner bestimmten Kultur an, sondern verkörpert eine Weisheit, die von allen Wesen einer bestimmten Art verstanden wird. Entsprechend steht das Bewusstseinsniveau des Menschen überall in unserem Universum in Verbindung mit einer einzigen, ganz spezifischen archetypischen Sphäre. Diese Welt aus Archetypen ist 'primitiv' - im ursprünglichen, also edelsten Sinne des Wortes.

Ein Archetyp ist das ideale Modell einer allgemeingültigen Gesetzmäßigkeit.

Das Bild der Sonne, eines Sterns, eines Portals oder etwa eines Kelches sind insofern archetypisch, als in ihnen große Ideen zum Ausdruck kommen, die von allen Wesen einer bestimmten 'Schöpfungswelle' verstanden werden.

Schon der griechische Philosoph Platon hat sich viel damit beschäftigt, in der jüngeren Vergangenheit dann C. G. Jung, der Begründer der analytischen Psychologie. Von ihm stammt die These der Archetypen als Teil des 'kollektiven Unbewussten'.

Nur ... was ist eigentlich das kollektive Unbewusste? Seine Entdeckung ist ein großer Schritt vorwärts, insofern als sie von einem 'Raum des Denkens' - man könnte auch sagen, von einer wirkenden 'Welt' - jenseits unseres Alltagsbewusstseins ausgeht.

Leider ist der Schlüssel, der uns damit an die Hand gegeben ist, in dem dafür vorgesehenen Schloss noch nicht ganz umgedreht worden. Wir sind gleichsam auf halbem Wege stehen geblieben. Dieser Weg führt nämlich viel zu weit ins Unsichtbare und Ungreifbare hinein und damit allzu weit ab von wissenschaftlicher Analyse und Glaubwürdigkeit. Dennoch - irgendetwas sagt mir, dass Jung ihn kannte oder zumindest erahnte ... Auch er war ja bereits in gewissen Kreisen als Mystiker verschrien.

Das Vorgehen, zu dem ich euch in diesem Buch einladen möchte, basiert ganz bewusst auf einer mystischen Erfahrung - also auf unmittelbarem Erleben, das sich nicht überprüfen lässt. Das Wunderbare daran ist, dass es völlig frei ist und sich ganz ungehindert kraftvoll entfalten kann.

Die folgenden Informationen basieren also wiederum auf einer Lehre, die ich außerhalb der materiellen Welt erhalten habe.

Zunächst einmal sollten wir den Begriff 'kollektives Unbewusstes' näher unter die Lupe nehmen.

Manche Wissenschaftler sehen darin die Gesamtheit aller menschlichen Funktionen, die mit dem sogenannten 'Imaginären' zu tun haben. Genau das ist aber der Haken an der

Sache, weil 'das Imaginäre' - oder die Fantasie - angeblich keine Substanz hat, also auch kein eigenes 'Leben'. Sie gehört ins Reich des Traumes.

Meine Auffassung ist natürlich eine andere, schon weil der Zugang zur Welt des Traumes, den ich mit euch teilen möchte, diesen als ganz eigenen Lebensraum beschreibt.[12]

Unser Denken, in dem sich unser Bewusstseinsniveau widerspiegelt, erschafft Hologramme, in denen wir uns bewegen. Insofern wird 'Imaginäres' sehr schnell 'real' und völlig konkret, sobald man in die entsprechende Welt eintaucht. Im Übrigen ist Fantasie ein grundlegendes Werkzeug jeden Schöpfertums. Das darf man nicht vergessen.

Wenn die Welt der Archetypen also Frucht eines kollektiven Imaginären ist, so bedeutet das: Sie ist ebenso real wie die Welt, in der wir leben. Darüber hinaus ist sie beseelt von ganz eigenem Leben, das sich aus den Erfahrungen all unserer Vorfahren speist.

Man könnte es nun dabei bewenden lassen und einfach sagen: Das Reich der Archetypen ist also ebenfalls ein Hologramm, nur dass es nicht individuell ist - wie etwa das *Kamaloka* oder das *Devachan* -, sondern die gesamte Menschheit umfasst.

Ja, wir könnten mit unseren Überlegungen hier stehen bleiben ... aber das werden wir nicht tun, denn damit würde

12) Vgl. Kapitel II

das Schloss wieder nicht ganz aufgeschlossen werden. Wir müssen es also wagen, weiterzugehen ...

Pforte zur Welt der Archetypen

Das Erlebnis, von dem ich euch erzählen möchte, liegt erst wenige Jahre zurück. Es fällt in eine lange Lebensphase großer Einsamkeit, während der ich auch eine Weile in einer Hütte im Wald lebte. So hatte ich viel öfter Gelegenheit, Tieren zu begegnen, als Menschen. Überflüssig zu sagen, dass sich zu jener Zeit allmählich ein recht eigentümlicher Bewusstseinszustand meiner bemächtigte, zumal ich auch noch tief eingeschneit war. Mein Geist war ähnlich gestimmt wie in einer tiefen Meditation. Daher war meine Wahrnehmung völlig verändert. Nun war ich zwar nicht ständig in jenem Zustand, doch diese Phasen wurden immer intensiver und länger. Es war mir unmöglich, am Telefon darüber zu sprechen oder das plötzliche Auftreten dieser veränderten Wahrnehmung in einer Nachricht zu erwähnen. Wiederum hätte ich sonst das Gefühl gehabt, etwas Heiliges zu entweihen ...

Das Alleinsein hatte meine Bewegungen derart verlangsamt - es war höchst ungewöhnlich ... Überhaupt hatte sich mein Verhältnis zur Zeit gewandelt. Zäh zogen die Stunden sich hin.

Schließlich spürte ich sogar mitunter Momente der 'Depersonalisierung'. Ich wurde mir selbst fremd. Das betraf sowohl meinen Körper als auch die Rolle, die ich im Leben zu spielen hatte.

Einer dieser Zustände war besonders prägend. Davon möchte ich nun erzählen.

Obwohl ich am Schreibtisch saß, war ich unfähig, auch nur eine Zeile zu Papier zu bringen. Dann war einige Sekunden lang plötzlich die komplette, hölzerne Einrichtung meines Arbeitszimmers verschwunden. Ich sah nur noch einen Raum aus milchigem Licht vor mir.

Meiner meditativen Stimmung ungeachtet, war ich hellwach. Einen Augenblick lang rechnete ich mit dem Auftreten eines wohlwollenden Wesens. Solche Erscheinungen waren im Laufe der Jahre immer wieder vorgekommen. Doch nichts dergleichen geschah. Nicht einmal eine Stimme ließ sich in meinem Kopf vernehmen, um mich etwas zu lehren.

Im Gegenteil, ich war vollkommen alleine mit mir - oder besser, mit meiner Vorstellung von mir, denn jegliche annähernd physische Wahrnehmung war restlos verblasst, sogar bis in den feinstofflichen Bereich hinein.

Ich empfand mein Selbst völlig verschmolzen mit dem innersten Wesen dessen, was mich belebt. Das war ein unendlich beruhigendes Gefühl. Dieses 'innerste Wesen' bewegte sich in einem Raum, der von so lebendigem Licht erfüllt war, dass es geradezu in schwebenden 'Kristallen' funkelte. Es war zugleich von materieller Dichte und wunderbarer, fließender Geschmeidigkeit. Heute würde ich sagen, es verströmte sogar einen Duft, eine Essenz des Lebens.

In einem bestimmten Moment - aber ist es nicht widersinnig, unter solchen Umständen eine Kategorie der Zeit zu erwähnen - vermischte sich *all das* - Licht, Kristalle und

Duft, mit dem ‘innersten Wesen’, zu dem ich geworden war. Es war *Alles eins* ... Ich befand mich mitten in dieser Alleinheit, ganz ähnlich wie damals im Bus in Sri Lanka.

Mein Denken war ein Bewusstsein des Seins. Es war das Bewusstsein, alles zu empfangen und innig zu begreifen, ganz unmittelbar ... bis in alle Ewigkeit.

Ich wusste sofort, dass kein weises Wesen zu mir sprechen würde, weil ich mich bereits mitten in der ‘Lehre’ befand. Sie aber war eins mit der Weisheit der ursprünglichen Lebensordnung.

Das Einzige, was der Beschreibung dieses Zustandes noch hinzuzufügen wäre, ist, dass ich mich wie eine Schale fühlte, in die unendlich viele Informationen hineingegossen werden ...

Als ich endlich wieder ‘zu mir kam’ - ohne zu wissen wie oder warum - und mich erneut hinter den ‘Gitterstäben’ meiner irdischen Existenz gefangen fühlte, war ich mir einer Sache ganz sicher: Mein Wesen war von einer Form von Liebe erfüllt, die es nie zuvor empfunden hatte. Die Wurzeln des Lebens sprachen aus ihr ... ganz ohne Worte.

Wenn ich nun doch Worte verwenden muss, um von diesen gnadenvollen Momenten Zeugnis abzulegen, so weil Licht letztlich immer eine Form braucht, um sein Werk zu vollenden.

Hier also etwas vom Wasser aus dem Hause, das mich damals empfing. Diesem Wasser habe ich es zu verdanken, dass meine Seele mit ein paar Facetten der ursprünglichen Wirklichkeit des Universums der Archetypen in Berührung kam ...

Im Herzen der Lehre

Dieses Universum wird auf komplementäre Weise 'von oben nach unten' und 'von unten nach oben' versorgt. Sofern man aus praktischen Gründen diese Begriffe verwenden will, die noch immer ins Spiel der Dualität eingebunden sind.

Das Universum der Archetypen liegt gleichsam in einer 'höhere Etage' des riesigen Vaterhauses - also des Hauses, welches aus dem Denken jener unermesslichen, undefinierbaren Kraft entsprungen ist, die man gemeinhin Gott nennt. Es ist also das Haus der ursprünglichsten Gedanken und grundlegenden Prinzipien seiner Schöpfung - deren materiellste Ausprägung die sichtbare Welt ist. Anders gesagt: Das Universum der Archetypen ist sozusagen das Lexikon seines Planes oder schöpferischen Hauchs.

Entsprechend ist jeder Archetyp eine direkt aus dem Göttlichen Denken entsprungene 'Wesens-Idee'. Ein Archetyp ist ein Keim, aus dem heraus sich - symbolisch gesprochen - der 'große Garten der Ursprünge' entwickeln und wachsen kann. Das ist natürlich die Sicht der Dinge 'von oben nach unten'.

Umgekehrt wird das Universum der Archetypen ebenso von den 'unteren Etagen' des Vaterhauses getragen, also von bewussten Lebensformen der weiteren 'Wohnungen' seiner Schöpfung. Auch sie gestalten es mit.

In erster Linie interessiert uns natürlich die vom menschlichen Bewusstsein gebildete Lebensform. Dennoch muss man wissen, dass auch die anderen Reiche ihrem jeweiligen Entwicklungsstand entsprechend mit dem Universum der Archetypen interagieren - allen voran das Tierreich.

Das bedeutet also, dass die lebendigen Elemente, aus denen die Archetypen bestehen - von der Weisheit aus jedem dieser Bereiche getragen und genährt werden. Wenngleich sie aus göttlichem Denken geboren sind, so leisten diese Bereiche doch ihren wesentlichen Beitrag bei ihrer Gestaltung.

Dieser Zugang entspricht dem von Jung. Er sah im 'kollektiven Unbewussten' ein Wissen, das auf uralten Erfahrungen beruht. Es speist sich aus unseren Gedanken ... und deren Schwingungszustand - wie ich noch anfügen würde.

Wie man lernt, in das Heilige vorzudringen

Nachdem diese grundlegenden Dinge geklärt sind, möchte ich nun auf den transzendentalen Charakter der genannten mystischen Erfahrung zurückkommen.

Neben der Einsicht, dass die Interaktion zwischen Schöpfung und Kreaturen von deren Bewusstseinsniveau und Denken mitgestaltet wird, geht es im Wesentlichen darum, sich klarzumachen, dass Archetypen eigenständige lebendige Wesen sind. Das ist leicht gesagt ... wirklich zu verstehen, was es bedeutet, ist etwas ganz anderes.

Es verlangt von uns ein überaus inniges 'Gefühl für das Heilige' ... und ständig wachsende Wahrnehmung dessen, was 'Wohnungen des Lebens' eigentlich sind.

Das ist eine echte Herausforderung. Ein solches Gefühl kann man nicht einfach erfinden oder durch logische

Überlegungen auslösen. Es entspringt aus unserem tiefsten Wesen, wenn wir nicht mehr davor zurückschrecken, über äußere Prägungen hinaus in unser Inneres zu blicken - trotz aller Schwindelgefühle, die das auslösen kann.

Was beinhaltet dieses Gefühl? Nun, dass wir uns Tag für Tag ein wenig mehr vom 'schaffenden Lebensgeist', der uns umgibt und durchdringt, berühren lassen. Das klingt nach einer großen Aufgabe, ist aber im Grunde leicht umzusetzen.

Um den Prozess anzustoßen, genügt es, Mut und Entschlossenheit aufzubringen und sich ein paar Augenblicke der Verinnerlichung hinzugeben.

Nun darf man wiederum nicht denken, man müsse dafür in Meditationshaltung still im Zimmer sitzen. Im Gegenteil, es ist sogar günstig, aktiv zu sein, alltäglichen Tätigkeiten nachzugehen und etwa auf der Straße einen Kaffee oder Tee zu trinken. Gerade die Eingebundenheit in Ereignisse, die uns umgeben oder innewohnen, verleiht der Übung ihre Kraft.

Ziel ist es, das Heilige zu sich kommen zu lassen - jenen Widerschein aus der Welt der Archetypen, der in allen Dingen schimmert.

Zum Beispiel ... Ihr trinkt irgendwo eine Tasse Tee - euch gegenüber oder neben euch befindet sich eine Türe. Schaut sie an ... wie ihr sie noch nie angesehen habt. Was ist sie? Immer nur das, was ihr daraus macht. Ein Rechteck in einer Wand, das man auf- und zumachen kann - oder etwas ganz anderes.

Ihr müsst euch ihrer Idee nähern ... besser gesagt ihrer Ideen - nämlich der, welche mit ihrem grundsätzlichen Sein zu tun hat und jener, die sich materiell manifestiert. In der Tür kommt zugleich die Idee des Durchgangs und des Holzes zum Ausdruck ... oder genauer - des Baumes.

Diese beiden Ideen weisen uns natürlich den Weg zu zwei Archetypen. Der Durchgang ist Bewegung und die Verwandlung zu der er uns auffordert. Der Baum hingegen ist die Verbindung zwischen Himmel und Erde und alles, womit er uns großzügig beschenkt: der Schatten, den er uns spendet, seine Früchte und seine flexible, formbare Gestalt.

Wie sich die Sprache der Archetypen entschlüsseln lässt

Zwei Buchstaben des göttlichen Alphabets - oder, wenn man so will, zwei Wörter aus dem Lexikon des Universums -, die zu uns sprechen wollen ... hier, ganz in unserer Nähe. Es sind zwei bedeutsame Lebensprinzipien, die aktiv und doch unbemerkt Teil unseres Daseins sind.

Ihre Existenz ist für uns so wichtig wie das Wasser, mit dem wir unseren Durst löschen. Der Stoff aus dem sie geschaffen sind, entspricht genau unserer Beschaffenheit und ihre Funktion genau unserer Funktion: Gemeint ist unsere Wandlungsfähigkeit und die Anwesenheit des Pflanzenreiches in unserem inneren Aufbau. So wird die Türe, die wir betrachten, uns unversehens an uns selbst gemahnen. Sowohl ihr Material als auch die Idee, welche sie verkörpert, werden in uns lebendig – in all ihren Verzweigungen. Nun kann die Göttliche Energie, die in ihnen steckt, sich mit der unseren verbinden.

Ich bin mir im Klaren darüber, dass manche das völlig verrückt finden werden und meinen, es führe zu einer Abkopplung von unserer Welt. Das kann jedoch weder Ursprung noch Ziel dieser Übung sein. Sie soll uns ja gerade das Wesen all dessen, was uns umgibt und innewohnt, bewusst machen. Es geht darum, mit der Lebensessenz in ihrem universellen Wesen näher in Berührung zu kommen, indem wir die Weisheit ihrer Naturgewalten zu uns sprechen lassen.

Zugleich geht es darum, einen neuen Zugang zum Material unserer Behausung zu finden, indem wir die Grundpfeiler unserer Vorstellungen von ihr 'streicheln'. Dafür müssen wir uns klarmachen, dass die Behausung dieser 'Basis' unmittelbar aus dem göttlichen Hauch entspringt. Dieser aber lädt uns ständig ein, mit Ihm in Verbindung zu treten.

Die Archetypen sind die Steine der Schöpfung, ihre lebendigen Ziegel. Wir können ihre Struktur mitgestalten, aber auch der Zement sein, der ihnen Form und Richtung verleiht ... oder ihre Bedeutung verfeinert. Das ist doch sehr viel. Sie helfen uns dabei, weiterzukommen – wir geben ihnen einen guten Grund, zu sein ... Und so ist unsere Behausung ganz innig mit ihrer verbunden.

Das Watan-Alphabet und Hebräisch

Haben sie eine Form? Diese Frage stellte ich mir, kaum dass ich von meinem Erlebnis in ihrer kristallinen 'Wohnung' zurückgekehrt war. Die Antwort war mir bereits eingeschrieben ... Anthropomorph sind die Archetypen nicht, das versteht sich von selbst ... Nur weil sie lebende Wesen sind, muss man ihnen noch lange kein menschliches Gesicht überstülpen!

Anders als unsere kulturelle Prägung uns weismachen will, haben wir Menschen keineswegs das Privileg, die einzig intelligenten Wesen zu sein ... wobei man sich erst einmal einigen müsste, was 'Intelligenz' überhaupt ist!

Wir haben die Angewohnheit, das Leben in festgelegte Formen zu pressen. Das funktioniert jedoch bei den Archetypen nicht. Sie haben weder menschliche Formen noch überhaupt eine eindeutige Struktur.

Da ich ihnen während eines unaussprechlichen Erlebnisses flüchtig nahe kam, kann ich Folgendes dazu sagen: Es gibt zwei Typen beweglicher Urformen und zwar weibliche und männliche. Die erste erinnert mich an das Watan-Alphabet, welches dem Sanskrit zugrunde liegen soll, das zweite an das hebräische Alphabet.

Aus der Vermählung ihrer Buchstaben entspringt die erste intelligente Materie der Schöpfung, wie wir sie wahrnehmen können.

Wenn wir uns einmal das hebräische Alphabet vornehmen - da es viel bekannter ist -, so werden wir feststellen, dass jedes Zeichen darin eine Idee oder ein geistiges Prinzip verkörpert. Genau das macht seinen Reichtum aus. Darüber hinaus wird es in magischen Ritualen oder Initiationsriten verwendet. Wer das weiß, geht anders damit um, als wir es von den Alphabeten der westlichen Welt her kennen.

Die entsprechenden Buchstaben werden um Hilfe und Beistand gebeten, weil man sich der schöpferischen Kraft bewusst ist, die ihrer Form zugrunde liegt. Sie werden als Vermittler zum Haus des Vaters betrachtet. Jeder Buchstabe entspricht einer bestimmten Region oder Funktion des menschlichen Köpers, der Erde, des Sonnensystems ... und so weiter. Auch das ist bekannt.

Eine Annäherung an die lebendige Behausung der Archetypen ermöglicht uns eine Kommunion mit dem Gefühl der Alleinheit. Insofern ist sie ein Weg.

Dennoch darf man nicht denken, man müsse sich nun auf das Watan-Alphabet oder die Kabbala spezialisieren, um mit den Archetypen in Verbindung zu treten. Spezialistentum kann zur Falle werden. Man verwechselt dabei leicht bestimmte intellektuelle Inhalte mit dem Heiligen Wissen, um das es eigentlich geht.

Die befreiende Erfahrung des Heiligen ist nie eine Sache von Spezialisten. Allein geistig-seelisch lassen sich Türen öffnen, nur so kann man sich anderer Behausungen bewusst werden. Das jedoch erfordert zugleich die Anstrengung und das Loslassen einer echten Innerlichkeit. Sie allein enthüllt den Code zur Überschreitung der Schwelle.

Eine alte, ägyptische Methode

Die alten Ägypter hatten das genau verstanden. Nicht umsonst war ihr Alltag von innigen Beziehungen zu einigen großen Archetypen geprägt. Deren Symbolsprache war so klar und eindeutig, dass es keiner besonderen Kenntnisse bedarf, um sie zu verstehen. Sie 'arbeiteten' an ihrem Leben, mithilfe von bildlichen Vorstellungen, wie etwa Kelch, Kreuz, Vogel, Peitsche, Wasser, Sonne oder Thron.

Bei kleinen Visualisierungsübungen oder Heilpraktiken, griffen sie auf die Unterstützung der Archetypen und anderer höherer Wesen zurück. Hatte ein Heiler zum Beispiel einen Patienten mit Nierenbeschwerden, so rief er, um die Situation in den Griff zu bekommen, erst einmal den Archetypen des Wassers zur Hilfe.

Dabei wandte er eine ganz einfache Methode an: Er zeichnete mit etwas Wasser, das vorher dem Mondlicht ausgesetzt worden war, das Bild des entsprechenden Archetyps auf Blase und Nieren seines Patienten.[13]

Natürlich durfte diese Handlung nichts Mechanisches an sich haben. Sie bedurfte der geistigen Erhebung, musste sie doch getragen sein von der Verbindung zu jenem Wesen, das der Archetyp verkörperte.

Das 'höhere Ich' des Heilers musste also die Schwelle zum Reich der Archetypen überschritten haben, um Zugang zur entsprechenden Form von Weisheit zu bekommen. Im Beispiel der Nieren, musste das 'allgemeine Prinzip der

13) Dies ist ein gängiges Bild. Es besteht aus zwei kurzen, wellenförmig übereinandergelegten Linien.

Verflüssigung' angesprochen werden. Das stand also im Zentrum des Vorgehens. Es war zunächst gar nicht erforderlich, die Krankheit zu verstehen. Es ging nur darum, das Leiden so schnell wie möglich zu lindern. In einem zweiten Schritt konnte der Therapeut dann den Versuch unternehmen, mehr in die Tiefe zu gehen und die Ursache zu erforschen. Wo kam das Leiden her, welche Region war genau betroffen und wie konnte man das Übel an der Wurzel packen?

All das wissen wir heute. Das könnte zu dem voreiligen Schluss verleiten, das Zusammenwirken mit den Archetypen sei Notfällen vorbehalten gewesen. Das stimmt jedoch nicht. Auch die vertiefte Arbeit konnte im Geiste der Archetypen erfolgen. Im Rahmen bestimmter Rituale malte der Therapeut mit Farbe - meist mit Henna - einen oder mehrere Archetypen auf die Haut des Patienten. Diese Zeichnungen wurden auf die entsprechenden Chakren oder direkt auf die betroffenen Organe aufgetragen.

Heutzutage, aus Sicht unserer abendländischen Mentalität, mögen derlei Methoden allenfalls ein mildes Lächeln hervorrufen. Sie erscheinen als purer Aberglaube. In der Tat, sieht man in den Bildchen, die der Therapeut aufträgt, nichts als Theater, so wird man ihnen allenfalls eine Placebowirkung zutrauen. Dann fällt es einem gewiss schwer, diese Methode mit anderen Augen zu betrachten.

Um Verständnis dafür zu entwickeln, was wirklich geschieht, braucht man einen Zugang - einen Schlüssel. Dieser ist bereits angesprochen worden. Er liegt in der Einsicht, dass unsere Welt in ständiger Verbindung mit anderen Welten steht. Der Therapeut ist vom Heiligen durchdrungen. Er steht ständig im Strom dieser Erfahrung und bemüht sich darum, mit den höheren Welten zusammenzuarbeiten.

Ein Informatiker, der auf seiner Suche nach Informationen einen bestimmten Sprachcode nutzt, um verschiedene Dateien oder Webseiten miteinander zu verbinden, geht im Grunde ganz ähnlich vor. In beiden Fällen basiert die 'Magie' einfach auf einem spezifischen Wissen, auf etwas, das er gelernt hat. Nun ist zwar nicht jeder Mensch dafür geschaffen, sich ein solches Wissen anzueignen, aber es kann doch jeder daran arbeiten, seine inneren Widerstände abzubauen, um dem Leben in sich mehr Raum zu geben - also seine 'Behausungen' größer zu machen.

Das Problem ist nämlich gerade unsere Engherzigkeit. Sobald uns etwas unbekannt ist, müssen wir es sofort in Schubladen stecken und einkasteln. Das gilt sowohl kollektiv als auch individuell, für jeden Einzelnen von uns.

Wir hängen an unserem Käfig, weil wir einfach nicht einsehen wollen, dass unsere Befreiung gerade im Unbekannten liegt. Wenn man sich das einmal klarmacht ...

Kapitel VII

Vom Himmel zur Erde

Ich habe oft darüber nachgedacht und bin zu dem Ergebnis gekommen, dass ein Mystiker in Grunde ein Forscher ist, also ein Abenteurer. Heute erst wird mir klar, wie sehr diese Aussage vorgefertigten Meinungen zuwiderläuft.

Die gängige Vorstellung eines Mystikers ist die eines Menschen, der weltabgewandt in Gebete und Meditationen vertieft, als Anhänger einer Religion oder etablierten Tradition in Abgeschiedenheit lebt. Mystizismus wird in der Tat oft mit Rückzug 'aus dem Leben' in Verbindung gebracht. Es scheint also eine fürchterlich deprimierende Angelegenheit zu sein ... Kein Wunder, dass man sich ungern darauf einlässt. Dieses Vorurteil ist insofern verständlich, als viele Mystiker eine Leidensmiene zur Schau stellen und ausgesprochen steif wirken. Das ist nicht gerade ein Anreiz, diesen Weg einzuschlagen!

Ich sehe Mystizismus ganz anders. Meines Erachtens ist ein Mystiker vor allem neugierig. Er will Licht in die Sache bringen und Brücken bauen. Also ist er im wahrsten Sinne des Wortes ein Enthusiast. Er ist mit anderen Worten ein Liebender ... verliebt ins Leben - im allerweitesten Sinne. Daher muss er auch nicht unbedingt ein Eremit sein. Er verdreht keineswegs ständig die Augen gen Himmel, wie die dramatischen Figuren auf den Bildern El Grecos ... Vielmehr schaut er in alle Richtungen, weil er die Göttliche Allgegenwart auf allen Ebenen wahrnimmt und spürt, wie sie überall im Unendlichen keimt.

Die schönsten und wichtigsten inneren Erlebnisse hatte ich wie gesagt in ganz gewöhnlichen Situationen, als sollte ich ständig daran erinnert werden, wie innig 'oben' und 'unten' miteinander verbunden sind, wie sehr sie sich gegenseitig brauchen.

Um diese sehr persönliche Wirklichkeit noch einmal deutlich zu machen, möchte ich von einem jener freudigen, 'lichten Momente' erzählen, die mich geprägt, meinen Weg vorgezeichnet und mich mit ungeahnten 'Behausungen' in Berührung gebracht haben.

Jenseits von Mühsal und Anstrengung

Wo die Szene sich abspielte, tut nichts zur Sache. Es genügt zu wissen, dass ich mit einer ziemlich anstrengenden Arbeit beschäftigt war und zwar wollte ich in einen recht trockenen Boden einen Baum pflanzen. Ich mühte mich also mit der Hacke ab, um in den steinigen Untergrund ein möglichst großes Loch zu graben, an einer Stelle, an der ein Pflaumenbaum bestimmt gut gedeihen würde. Eine gute Viertelstunde später musste ich einsehen, dass die Arbeit schwieriger war, als gedacht.

Es war Frühherbst, doch die Sonne brannte noch kräftig ... ich musste mich kurz ausruhen ... An sich mochte ich anstrengende körperliche Arbeiten schon immer. Man bekommt den Kopf frei, vergisst alles Überflüssige und tritt in unmittelbaren Kontakt mit der Natur. Auch jetzt hatte ich schon wieder einen klaren Kopf, war aber ein wenig außer Atem. Darum setzte ich mich eine Weile auf einen Haufen Steine, die im dürren Gras lagen. So verstrichen zwei oder drei Minuten, eine erholsame Leere stellte sich ein.

Schließlich wollte mein Körper mit aller Selbstverständlichkeit wieder aufstehen, um die begonnene Arbeit fortzusetzen. Da geschah es ...

Ich merkte plötzlich, dass meine Gliedmaßen mir nicht mehr gehorchten ... Sie konnten es nicht – weil ich gar nicht mehr in meinem Körper war! Ich befand mich außerhalb von ihm und blickte auf seine Form herab, die mit offenen Augen starr dasaß, wie eine Statue auf ihrem Sockel ... Nun kannte ich dieses Phänomen zwar schon lange, doch noch nie war es so schnell und unvorhersehbar eingetreten.

Für den Bruchteil einer Sekunde musste ich an jene Bogenschützen im Kampfsport denken, die berichten, sich kurz bevor sie den Pfeil abschießen, außerhalb ihres Körpers zu sehen. Ihr Geist ist völlig leer - und sie wissen, dass ihr Schuss perfekt ist, weil alles nur noch eins ist: ihr Bewusstsein, der Bogen, der Pfeil und das Ziel.

Hatte ich an jenem Tage denn ein Ziel? Gewiss, ich wollte einen Baum pflanzen ... aber mir war nicht bewusst gewesen, in welchem Maße mein ganzes Wesen sich völlig in diese Aufgabe vertieft hatte.

Diese Wahrnehmung und Überlegung war jedoch äußerst flüchtig, denn bald war die ganze Umgebung verschwunden - als sei auf einmal ein silbriger Nebel aus der Atmosphäre aufgestiegen, aus dem Winkel mitten in der Natur, wo ich mich befand.

Nun darf man nicht denken, ich sei plötzlich ohnmächtig geworden oder mein Blick habe sich eingetrübt. Ganz offensichtlich war das Gegenteil der Fall: Ich hatte das Gefühl, unmittelbar in einen Raum versetzt worden zu sein, der vor Vitalität sprühte - an einen Ort, an dem ich die volle Erfüllung absoluter Intensität erleben durfte.

Das Portal der Erzengel

Allerdings hatte ich kaum 'Zeit', diesen neuen Zustand zu genießen, das weiß ich noch. Schon tauchte in der Mitte des silbrigen Lichtes eine riesige, weißglühende Gestalt auf ...

Zuerst dachte ich, sie hätte Flügel, doch als sie sich mir näherte, sah ich, dass es Lichtstrahlen waren, die seitlich aus ihrem 'Brustkorb' hervorgingen. Es war so schön - ich dachte, ich würde mich gleich in Tränen auflösen.

Tränen der Sanftmut, des Glücks und der Seligkeit ... ohne, dass ich hätte sagen können, warum. Am liebsten wäre mir gewesen, wenn der Augenblick ewig angedauert hätte.

Dann war 'ich' auf einmal von einer Art Wind umgeben. Als frischer Hauch drang er auch in mich ein und wirbelte Bilder, Wörter und Sätze in mir auf, die nichts mit unserer Welt zu tun hatten. Es waren keine menschlichen Wörter und Bilder ... und doch empfand ich sie unserer Erde und Essenz im tiefsten Inneren meiner Seele verwandt.

Ansonsten erinnere ich mich vor allem an flammende Blicke, die schwer zu ertragen waren und so manches undurchdringliche Lächeln ...

Das Wesen, welches all dies verströmte, stand alleine vor mir - und doch empfand ich es vielfältig ... als Teil einer Gemeinschaft. Es sprach nicht zu mir und war doch Sprache, denn der 'Wind', mit dem es mich durchwirbelte, war eine Lehre. Ja, sein Hauch blätterte in den Seiten meines menschlichen Wortschatzes und suchte darin nach Wörtern, die am wenigsten unbeholfen waren ...

Mit ihrer Hilfe ... soviel ich davon erahne ... will ich versuchen wiederzugeben, was mir damals zuteilwurde.

Die Lehre

"Über dem Stein steht die Pflanze. Über der Pflanze, das Tier und darüber das Menschliche ... oder genauer gesagt das Noch-nicht-ganz-Menschliche ..., denn jenseits des Versprechens der Menschlichkeit, liegt die Welt der Engel und über dem Engel steht der Erzengel. Mit ihm aber beginnt das wahrhaft Menschliche. Du sollst wissen, dass ich von der Schwelle dieser Welt zu deinem Geiste spreche. Unter allen Behausungen des Ewigen, ist es der höchste Punkt, zu dem dein Bewusstsein emporsteigen kann. Kein Wesen aus deiner Welt kann ihn überschreiten, andernfalls würde es sich auflösen."

An dieser Stelle machte das höhere Wesen, das zu meiner Seele sprach eine kurze Pause. Dabei war es von der Zahl sechs umstrahlt. Warum wusste ich nicht, doch das Bild stand mir deutlich vor Augen.[14]

"Warum bist du bis an diesen Punkt geführt worden?" fuhr es fort ... *"Nun, um dich auszudehnen. Damit du eines Tages versuchen kannst, grob zu umreißen, was Ist ... die Schönheit Dessen und Seine Liebe, die weit über Liebe hinausgeht. Aber auch, damit du eines Tages Zeugnis ablegen kannst von Seiner aufsteigenden Strömung ... Die Erzengel haben nämlich in jeden von euch den Keim des höheren Bewusstseins gelegt. Sobald er zu sprießen beginnt, bringt er den aufstrebenden Strom in Bewegung.*

14) Erst viel später sollte ich begreifen, dass die Welt der Erzengel in unserer Lebenswoge von zwölf großen Bewusstseinsstufen auf der sechsten liegt.

Es ist der Keim des Architekten, Geometrikers und Steinmetz – der Keim des Kunsthandwerkers der Welten ... Er gehört zu all jenen, die endlich begriffen haben, dass sie sich selbst erbauen. Es ist der Keim von Menschen, die ständig daran arbeiten, ihr inneres Haus auszubauen, indem sie ihr Herz erweitern.

Vor Urzeiten, als deine Wirklichkeit noch dem Pflanzendasein entsprach, waren wir Lehrlinge des Menschseins.

Wir lernten in unser Inneres zu schauen und dabei allmählich zu verstehen, dass es unsere Aufgabe ist, euch 'zu kultivieren' wie einen Garten.

Dafür mussten wir euch 'veredeln' und euch die Sehnsucht nach der Sonne einpflanzen, die einen drängt, sich zum ewigen Feuer aufzuschwingen ...

Der Spross hat ausgetrieben. Er hat Äonen überdauert ... bis heute. Nun habt ihr das Stadium des Tierreichs hinter euch und könnt 'ich' sagen. Das gibt euch gewissermaßen Struktur, damit könnt ihr euch in der Welt einrichten. Heute seid ihr im Stadium von Jugendlichen, aber auch im Stadium der Wahlfreiheit. Wir beobachten euch dabei und geben uns Mühe, euch zu leiten. Ihr seid an einem Punkt eurer Lehrjahre, wo ihr bereits frei entscheiden und euch die Welt einrichten könnt.

Der Wille, euch zu kultivieren und so das Werk des Lebens fortzuführen hat es uns ermöglicht, bis zum Solarzustand aufzusteigen. Unsere Behausungen sind also Sonnen. Es sind nicht die Sonnen, die ihr an eurem Himmel seht, sondern Keime davon, gleichsam ihre Essenzen auf ganz anderen Bewusstseinsebenen.

Warum ich dir das alles erzähle? Einfach um die Aufgabe fortzusetzen. Inzwischen geht es nicht mehr darum, etwas zu pflanzen oder zu pfropfen, sondern zu gießen, was bereits sprießt. Eure Seelenerde hat Durst. Um sie machen wir uns Sorgen ... Sie muss aber erst einmal Risse bekommen, damit der Wassermangel ihr so recht bewusst wird. Darum löschen wir ihren Durst nur tropfenweise - und nicht mit einem üppigen Regen. Eure Erde ist so undurchlässig, sie könnte einen solchen Guss gar nicht aufnehmen. In unbedachten Geschenken geht man gerne unter, weißt du?

Der Segen eines solaren Schauers kann euch nur zuteilwerden, wenn ihr euren Boden zuvor kräftig bearbeitet habt. Unser Bruder Christus ist der Erste unter uns Gärtnern eures höheren Bewusstseins. Sein Geist hat die Schwelle, auf der wir uns gerade befinden, schon mehrmals überschritten. Wie du weißt, hat er das getan, um all eure Lebensbereiche nacheinander liebevoll zu erleuchten.

Durch diese Gabe war Er wie ein Sandkorn im Getriebe eurer Gewohnheiten ... eine Aufforderung, sie zu überdenken. Geduldig lehrte Er euch nach und nach den Weg der Herzenserweiterung.

Aus einem Angstimpuls heraus habt ihr Ihn immer wieder erstarren lassen und auf euren beschränkten Horizont reduziert. Ihr wolltet Ihn in die engen Mauern eurer Wahrnehmung sperren, in eure Behausung - während Er euch an euer wahres Zuhause erinnerte. Ihr konntet nicht anders. Heute hofft ihr auf seine Rückkehr, sagt ihr, als solle Er in eurem Inneren wieder eine Türe auftun oder die engen Wände eurer Kulissen einreißen.

Wird Er zu euch kommen, wie zuvor, auf denselben Wegen? Diese Frage könnt nur ihr beantworten. Doch von der Sonne aus gesehen, auf der wir leben, wissen wir schon, dass er nicht erkannt werden wird, wo ein Haus auf Sand gebaut ist.

Weder Sein Name noch seine Gesichtszüge werden entscheidend sein, sondern wie viel Raum Sein Geisteshauch in euch findet. Es ist an der Zeit, zu verstehen, was ihr bisher noch nie verstanden habt - oder zumindest viel zu wenig. Ihr wartet wieder einmal auf etwas, woran ihr euch festhalten könnt, auf eine Stütze mit menschlichen Zügen. Aber das kann euch niemals geben, was ihr wirklich erhalten könntet ... in Seiner ganzen Fülle.

Solange ihr nicht so viel Raum wie möglich in euch geschaffen habt, solange nicht jede eurer Zellen sich geöffnet hat, werdet ihr den Erzengel der Sonne nicht erkennen. Solange werdet ihr weder Christus noch Buddha noch den Großen Iman noch Quetzalcoatl empfangen, weil euer Haus zu klein ist und vergitterte Fenster hat. So lange ihr nicht klar erkannt habt, dass 'Etwas' von Ihm von Anbeginn in euch anwesend war, kann Er euch nicht befreien ... weil ihr Ihn dann immer wieder einsperren werdet - irrtümlich, aus Unwissenheit oder Blindheit.

Der Geisteshauch auf den ihr so sehr hofft, obwohl es euch oft genug an Demut fehlt, ihn überhaupt wahrzunehmen, hofft seinerseits darauf, dass ihr euch bewegt. Er ist in eurem Herzen eingesperrt und wartet nur darauf, dass ihr das Fallgitter hebt und die Waffen streckt - also eure Ausflüchte, alles klein zu halten, aufgebt. Wer nicht wächst, vertrocknet.

Gegenwärtig bekommt euer Haus überall Risse, ob es euch gefällt oder nicht. Es kann euer wahres Wesen kaum noch beherbergen. Dies wird heimatlos und irrt umher. Das ist ein leidvoller Zustand, vergleichbar einer Geburt, die endlos dauert und einen völlig erschöpft. Aber er ist unvermeidlich und durchaus segensreich, wenn man sich nicht gefällig darin einrichtet, sondern bereit ist, so schnell wie möglich wieder herauszufinden. Eure Welt explodiert in ihrem Schneckenhaus - darum nähern wir uns euch mehr denn je.

Das solare Wasser ist das Feuer. Es ist der Geist, den ihr 'heilig' nennt, die Nahrung des Christus. Wir rufen euch auf, sie zu entdecken und euch aufzuschwingen, zu einer großen Vereinfachung! Hörst du? Verstehst du?"

Zwischen zwei Wirklichkeiten

Damit endete die Lehre, geradezu abrupt, wenn auch überaus sanft ...

Da hockte ich wieder auf meinem Steinhaufen. Meine Hündin war gekommen und leckte mir die Hand ... Hatte ihre Berührung mich wieder zu mir gebracht? Ich glaube nicht. Es war einfach alles gesagt.

Muss ich eigens erwähnen, dass meine Seele noch eine ganze Weile nicht so recht in meinem Körper verankert war. Natürlich war es mir unmöglich, mit irgendjemandem über dieses unglaubliche Erlebnis zu sprechen. Das Bedürfnis verspürte ich zwar schon. Es hätte mich bestimmt entlastet, die Ladung an Energie, die ich abbekommen hatte, war allzu hoch. Aber ich war nicht dazu in der Lage. Ich durchlebte eine Art glückseliger Traumatisierung ... die nicht völlig frei war von Leid. Mit etwas allzu 'Schönem' und 'Großem' in Berührung zu kommen, kann schmerzhaft sein, auch wenn es einen mit unaussprechlicher Kraft und Freude erfüllt. Entsprechend klaffte in meiner Seele eine Wunde - zugleich aber enthielt sie die passende Heilsalbe.

Ich verharrte etwa eine Woche in diesem Zustand zwischen den Welten - oder zumindest zwei verschiedenen Wirklichkeiten. Daran erinnere ich mich noch recht gut.

Es hieß, ich sei 'abwesend', man hielt mich gar für krank. Dabei war ich hellwach und aufmerksam, nur dem 'Theaterstück unserer Welt' stand ich etwas distanzierter gegenüber, denn so erschien mir unsere 'Wirklichkeit' nun ein für alle Mal. Was darin konnte jemals 'schlimm' sein, da doch alles vergänglich und in Bewegung war?

Da trat ein weiteres Ereignis in mein Leben, als wolle es das erste aufnehmen und vertiefen ...

Die Lichtung mit den Herbstzeitlosen

Es geschah während eines Waldspaziergangs, den ich mit einer kleinen Gruppe von vier oder fünf Freunden unternommen hatte. Der Weg zwischen Kiefern und Eichen lag einladend vor uns, wir waren ihn schon hundert Mal gegangen. Plötzlich sah ich, wie sich etwa zwanzig Meter vor uns meine Hündin - schon wieder sie - heftig auf die Hinterbeine erhob. Sie begann zu bellen und schaute dabei auf eine recht große Lichtung, die einen prachtvollen Anblick bot: Sie war fast vollständig bedeckt von einem blasslila Teppich aus Herbstzeitlosen.

Hatte meine Hündin hier etwa ein Tier aufgespürt? Wir blieben alle stehen und blickten uns suchend um. Ich war als Einziger noch ein paar Schritte weitergegangen, denn ich kannte meine Hündin zu gut. Auf einen Hasen oder ein Reh hätte sie anders reagiert. Nachdem sie eine ganze Weile auf den Hinterbeinen ausgeharrt hatte, begann sie fröhlich mit dem Schwanz zu wedeln, als würde sie einen Freund begrüßen.

Also suchten meine Augen den Flecken Natur noch genauer ab ... und blieben schließlich an einer bestimmten Stelle der Lichtung hängen, wo der malvenfarbene Teppich besonders hell und zart war.

"Seht nur ...", rief ich, "schaut doch mal!" Es drängte mich einfach dazu, allerdings schien ich der Einzige zu sein, der es wahrnahm: Die bleiche Stelle, die ich zunächst auf die Herbstzeitlosen zurückgeführt hatte, die hier etwas spärlicher wuchsen, erwies sich als eine Art irisierender Nebel. Meine Seelenaugen mussten sich einfach in ihn vertiefen, soweit das eben möglich war. Im Inneren des Nebels stießen sie auf eine Form - ein leicht wogendes Wesen. Es war wie eine 'Wasserflamme' ohne klare Kontur, aber herrlich präsent und lebendig. Ich sah keinen Blick und wusste doch, dass es mich ansah - uns alle ansah.

So verstrichen ein paar Augenblicke in schweigender, gegenseitiger Betrachtung, voller Sanftmut und Staunen.

Es drängte mich, noch ein paar Schritte vorwärts zu machen ... doch da war die Erscheinung plötzlich zu Ende ...

Das Wesen war verschwunden und meine Hündin kehrte ganz ruhig zu mir zurück, als sei nichts geschehen.

Innerlich wusste ich, dass ich einen *Deva* gesehen hatte, also eines jener weisen Wesen, welche für das Gleichgewicht der Natur zuständig sind. Das stand außer Frage. Es gibt ja recht viele davon. Ich teilte es meinen Begleitern mit. Sie hatten zwar nichts gesehen, stimmten aber zu, dass ganz offensichtlich etwas passiert war.

Am Abend war das Ereignis natürlich Gesprächsthema. Jeder gab eine Anekdote aus der Welt der Elfen, Gnome oder Undinen zum Besten - all jener Wesen, die angeblich reine Fantasiegeschöpfe sind.

Allerdings erinnere ich mich, dass ich nur halbherzig an den Erzählungen teilnahm. Was ich gesehen hatte, war so schön gewesen ... Nach dem aufrüttelnden Erlebnis der letzten Woche wurde es langsam ein bisschen viel. Nun musste ich all das erst einmal verarbeiten. Ich wollte es wirklich verstehen ... also nicht nur erklären, 'es ist dies oder jenes' und es dann in einer Schublade des Gedächtnisses ablegen, um es gelegentlich wieder herauszuholen - wie ein Zitat für Zuhörer.

Nein ... Mir war so wunderbares, sprühendes Leben geschenkt worden, ich musste es nur noch mit ganzer Seele und vollem Herzen aufnehmen. Da wollte ich mich ganz der Aufgabe widmen, die Grenzen meines inneren Horizonts auszuloten.

Ganz offensichtlich war ich aufgefordert, mein Inneres zu erweitern. Ich sollte mein 'Haus' ausbauen ... und nun wurde mir neues Material dafür geliefert.

In dieser Nacht war ich fest entschlossen, ‘den Schritt zu wagen’, also alles daran zu setzen, um es zu verstehen. Ich durfte also nicht einschlafen. Vielmehr wollte ich wie gewohnt meinen Körper ganz bewusst verlassen, um genau dorthin zurückzukehren, wo das Ereignis am Nachmittag stattgefunden hatte.

Man mag naiv finden, dass ich ein Erlebnis mit einem Ort in Verbindung bringe und nicht mit einem Bewusstseinszustand, der überall eintreten kann. Ich war mir jedoch sicher, dass der Ort in diesem Fall keineswegs unbedeutend war. Schon mehrfach habe ich festgestellt, dass es auf der Erde Stellen gibt, die als Tore zu anderen Welten fungieren. Manchmal spürt man, wo sie sind und erfasst den Zugangscode, mit dem sie sich öffnen lassen. So nahm die Lichtung, die uns am Nachmittag alle so beschäftigt hatte, mitten in der Nacht meine Seele auf ...

Machen wir ein paar Schritte zwischen den Atomen

Wenn wir in unserem feinstofflichen Leib unterwegs sind, ist es nie völlig dunkel. Wesen und Dinge scheinen von innen heraus zu leuchten, ganz unterschiedlich, je nach ihrer inneren Verfasstheit. Es ist fast, als würden die Atome, all dessen was existiert, zu strahlen beginnen oder als ginge ein ‘lichter Schattennebel’ von allen Formen aus, um ihrer Tiefenstruktur Raum zu geben.

Das muss wohl der Blick sein, den Katzen auf die Welt haben. Dieser Gedanke kam mir schon öfter ... eine Wahrnehmung, die weit über gutes Nachtsehen hinausgeht. Mit anderen Worten: Man nähert sich dabei einer bestimmten Ebene des Tanzes der Atome ... So erschien mir die Lichtung in ihrem intimsten Gewand, in allen Tönungen des Mondlichtes schimmernd. Tief berührt begab ich mich sogleich in dieses Schmuckkästchen. Ich wagte mich voran, denn ich wollte genau bis zu jenem Punkt vordringen, an dem der *Deva* sich gezeigt hatte. Allerdings wusste ich nicht genau, was ich mir erhoffen konnte ... Manch' magischer Moment ist so flüchtig, dass man kaum auf seine Wiederkehr hoffen darf. Was am Nachmittag geschehen war, wiederholte sich tatsächlich nicht, denn das Leben hielt ein noch größeres Geschenk für mich bereit. Ich entdeckte es, sobald mein feinstofflicher Leib genau am Erscheinungsort des Lichtwesens angelangt war ... Kaum war ich einen Meter in die besagte Stelle eingedrungen, als die gesamte Kulisse auch schon kippte. Diesmal war mir nicht schwindelig und ich wurde auch von keinem Energiestrom mitgerissen. Ich weiß nur noch, dass es mir vorkam, als würde ich ganz langsam die Seite eines Buches umblättern. Es war ein ganz ähnliches Gefühl, als einst vor vielen Jahren beim Überqueren der Wasserfurt. Ich hatte wirklich den Eindruck, zwischen die Atome der physischen Natur des Ortes geglitten zu sein, an dem ich mich befand. Die Lichtung schien mich eingeladen zu haben, den Vorhang beiseitezuschieben, hinter dem sich ihr wahres Wesen verbarg – ihre Seele oder ihre 'Essenz'.

Noch immer stand ich auf einer Lichtung mitten im Wald, aber es sah alles ganz anders aus. Die ganze Umgebung schien vor Lebenskraft zu bersten. Alles konnte sehen, alles atmete und verströmte seinen Duft ... Absolut alles!

Das Gras war so hoch und die Bäume so mächtig, dass ich zunächst kaum wagte, meinen Lichtleib zu bewegen. Was sollte ich angesichts solch' explosiver Fülle von Kraft und Schönheit nur tun? ... Wie sollte ich mich verhalten?

Ich weiß noch, dass ich dachte: "Gleich wird alles zu Ende sein ... ich werde plötzlich wieder in meinem Bett liegen, schwer und plump!" Doch ich sollte mich irren.

Mit einem Mal war ich von einem Hauch durchdrungen, aus dem sich eine leise Stimme herauskristallisierte ... Sie war überall in mir, nicht nur in meinem Kopf. Es war, als wollten die Worte - die keine waren, sondern eher sprechende Bilder - noch meine kleinste Zelle erreichen.

Von dieser Stimme angeregt, begann sich mein Seelenleib nun zwischen Gräsern, Kräutern und pflanzlichen Essenzen fortzubewegen.

Elfenworte

"*Schau*, ... murmelte die hauchfeine Stimme in mir. *Sieh es dir in Ruhe an ... Es ist ein Werk des Lebenswindes, der sich hinter den Naturerscheinungen verbirgt. Dieser Wind ist Teil des inneren Marks der Formen auf Erden. Er erschafft die eine Hälfte ... und ihr Menschen die andere. Diese hängt ganz von eurem Innenleben ab, das im Zeitenlauf ganz unterschiedliche Gestalten annehmen kann.*

Dieser Wind ... wird von den Seelen unserer Brüder der Erzengel gesät. Er haucht uns Leben ein.

Er stellt uns Feuer, Wasser, Lehm und Luft zur Verfügung, damit ihr Menschen Kraft eures Bewusstseins daraus eure Behausungen entwerfen und errichten könnt. Unsere Leiber sind sowohl mineralisch als auch pflanzlich, tierisch und menschlich ... und noch etwas darüber hinaus. Manchmal erscheinen sie euch ... so wie ihr sie euch vorstellt ... wenn es euch gelingt, anzuerkennen, dass wir an eurer Wirklichkeit mitarbeiten.

Ursprünglich sollten wir gemeinsam an der Entstehung dieser Welt arbeiten ... Wir sollten die Fäden spinnen und spannen und ihr solltet weben, sowie Farben und Formen aussuchen ... Doch dann glaubte der Weber auf einmal alleine am Werk zu sein. Er hat vergessen, wer die Wolle spann und den Webstuhl zusammengebaut hatte. Auch die Erinnerung an die Kraft, welche es ersonnen hatte war ihm abhandengekommen.

Was dann geschah, hat die Freiheit bewirkt ... Es ist Ferment und Gift zugleich. Freiheit ist die Frucht des wachsenden Geistes. Wahres Wissen muss zwangsläufig durch diese Phase hindurchgehen - und einen Irrtum nach dem anderen hinter sich lassen.

Zu jener Zeit als Deinesgleichen die Welt so wahrnahm, wie jetzt du, da du dazu eingeladen bist, empfingen die Menschen, ohne zu verstehen. Sie spürten die Essenz allen Seins, ohne die Bedeutung in sich aufzunehmen. Sie waren wie das Tier. Es erlebt die Göttliche Gegenwart in jedem Augenblick als etwas ganz Selbstverständliches, doch ohne sich bewusst zu machen, was Sie ist. Haltet ihr euch mit

Selbstverständlichkeiten auf? In Wahrheit verpasst ihr sie und nehmt oft nicht einmal das 'Wunder' wahr, welches in ihnen verborgen liegt. So ist euch der Reichtum des Äthers nicht bewusst, obwohl ihr einst, dank euers schlichten Gemüts, unmittelbaren Zugang dazu hattet.

Verstehst du es jetzt besser? Eine ganz bestimmte, allzu trockene Form von Intelligenz hat eure Fähigkeit, in unser Zuhause aufzusteigen, blockiert. Daher seid ihr nun von uns abgeschnitten - verwaist ... Dieses Wort wähle ich mit Bedacht, denn wir sind eine Stütze für eure Welt. Unsere Welt ist gleichsam ihr Gerüst.

Die Auswirkungen dieser Trennung müsst ihr bis zur Neige zu spüren bekommen, weil die Last der Trauer um diesen Verlust euch zum Wachstum anregen soll.

Die Verachtung, die ihr der wahren Natur eures Zuhauses entgegenbringt, wird euer bester Lehrmeister sein. Das Vergessen muss bis zum Exzess getrieben werden. Umso machtvoller wird dann das dringende Bedürfnis nach Erinnerung zu spüren sein.

Ein Gesetz des sich ausdehnenden Lebens besagt Folgendes: Wenn wir alle Lektionen vergessen haben, die wir im Laufe seiner Irrungen und Wirrungen zu lernen hatten, erinnern wir uns zuletzt nur noch an das, was uns zutiefst inne ist - an unsere Essenz ... mit ihrem Ruf nach der Unendlichkeit.

Wir fehlen euch - ohne, dass euch recht bewusst ist, was das bedeutet ... Ihr sehnt euch nach unserer Gegenwart. Zu-

gleich, soviel muss ich dir gestehen, haben auch wir Kinder der Erzengel, wir Elementarwesen ebenfalls Sehnsucht nach euch. Auch wir befinden uns in einer Umbruchphase. Auflösung und Wiedervereinigung ... sich auflösen, um sich dann wieder zu verbinden - darin besteht die Atmung des Lebens.

Eines Tages wird sich die Menschheit etwas erzählen, was dann nur noch wie eine alte Legende klingen wird - von Zeiten, als die Menschen so blind waren, dass sie nur glaubten, was sie sehen wollten und nur sehen wollten, was sie auch anfassen konnten ... Und nur berühren konnten, was sie in ihren Köpfen auch denken konnten.

An jenem Tage wird dein Volk erwacht sein. Es wird die lange, doch unabdingbare Irrfahrt aller Wesen überwunden haben, die aus Angst vor der Größe des Unendlichen zwischen Herz und Hirn hohe Mauern errichten.

An diesem Tage wird deine Menschheit uns auch wieder als Teil ihrer alltäglichen Wirklichkeit entdecken können. Die 'Veredelung' durch die Erzengel wird endlich Früchte tragen, im Sinne eines geistigen Aufstiegs.

Sieh mal ... Schau dir den Lichtraum einmal an, in den wir ein paar Sequenzen deines Seelenlebens eingeladen haben. Wenn du je das Risiko auf dich nehmen solltest, darüber zu sprechen, so hüte dich davor, zu sagen, du seiest in die Welt der Elfen, Nixen und Salamander vorgedrungen. Damit wirst du deine Zuhörerschaft sogleich in Tiefschlaf versetzen - und im Grunde möchtest du sie ja gerade wachrütteln, geistig erwecken. Sag' lieber, du habest eure Welt nur ein wenig weiter erforschen wollen und es sei dir auch gelungen, weil du nicht schlau genug warst, über solche Dinge einfach hinwegzusehen. Du wirst zur Antwort bekommen, du habest uns nicht einmal richtig wahrgenommen und seiest schwankenden Erscheinungen aufgesessen.

Uns wahrnehmen? Wahrlich, du nimmst uns nicht flüchtig wahr ... du siehst uns! Schau dir jede Furche aufmerksam an, jeden Ast dieser Bäume, die Adern jedes Blattes, jeden Fruchtknoten der Blüten, atme alle Düfte ein, die zu dir dringen, auch noch die flüchtigsten. Mach' dir alle Farben zu Eigen, die dich nur ansprechen ... In ihnen kommt unser Elementarbewusstsein zum Ausdruck.

Hast du erwartet, wir hätten Flügel, spitze Ohren oder kleine, rote Mützen? Es hätte so sein können, denn wir passen unsere Erscheinung den Bedürfnissen des Blicks an, der sich auf uns richtet. Diese Formen bleiben bestimmten menschlichen Egregoren eine Weile eingeprägt. Sie lösen sich aber irgendwann auf. Die Weisheit, die das Leben trägt, hat keine bestimmte Form.

Verbindest du das innerste Wesen der Erde, des Wassers, des Feuers und der Luft ... und noch etwas darüber hinaus, so erhältst du ein wässriges Licht, das zugleich fest und gasförmig ist. Es trägt die Spuren des Schöpfungshauches und gewährt Einblick in die Welt der Erzengel.

Erinnerst du dich an die unzähligen winzigen Fellkügelchen, die du als Kind an den Wänden deines Zimmers sahst? Sie liefen in alle Richtungen und stießen dabei helle Schreie aus, sodass du fast schon Angst bekamst und nicht schlafen konntest? Es war jedoch nur die Weisheit, die durch uns wirkt. So brachte deine kindliche Zartheit auf ihre Weise unsere Wirklichkeit zum Ausdruck - an der unbehaglichen Grenze zwischen zwei Behausungen.

Das Leben ist so groß und weit, weißt du ... Man muss lernen, es recht zu lesen ... und dabei zunächst einmal die Tatsache anerkennen, dass jede Seiner Erscheinungsformen es verschlüsselt hat - auch eure natürlich. Die Verschlüsselung ist eine Folge der Trennung und der Schwere ... Doch diese ist im Grunde nichts anderes als eine verkannte Komplizin der Leichtigkeit.

Nimm auch diesen letzten Gedanken noch mit: Der Wille, sich Flügel wachsen zu lassen, entspringt gerade aus der Verstrickung."

Und heute ...

Und was geschah dann? Mein Wille musste jedenfalls nicht eingreifen. Ich hatte nicht einmal Zeit, einen Wunsch oder eine Frage zu formulieren. Die Stimme, die eigentlich gar keine war, verebbte in meinem Inneren, während ich förmlich spürte, wie sie nach hinten gezogen wurde. In umgekehrter Richtung schlüpfte ich durch eine Ritze in der 'Mauer' aus Licht, ohne recht zu wissen, wie das zuging. Jedenfalls befand ich mich alsbald wieder auf der wohlbekannten Lichtung. Meine Seele war etwas ratlos ... ihre

Sehnsucht war nur zur Hälfte gestillt. 'Etwas' fehlte – etwas Ungreifbares. So entschloss sie sich, ihre körperliche Hülle wieder anzulegen ... in der Überzeugung, dass sie die Erinnerung an diesen 'Friedenskuss', diese lichtvolle Umarmung, wieder einmal nur im Gedächtnis vergraben konnte. Inzwischen ist der Schleier – durch meine damalige Entscheidung gewebt – zerrissen, ganz wie von selbst. Wohl weil ich nicht mehr derselbe bin und unsere Welt auch nicht. Es ist alles in Bewegung. So ist es eben ... und das ist ein großes Glück.

Die Seiten füllen sich und führen mir Geheimnisse meiner einstigen Wahrnehmung vor Augen. Es ist einfach an der Zeit, unser Leben anders zu deuten. Wenn wir uns jetzt – in dieser Sekunde – entschließen würden, es völlig anders zu gestalten? Was würde dann wohl geschehen?

Kapitel VIII

Wie können wir 'nach Hause' zurückkehren?

Jemand hat einmal zu mir gesagt: "Man sollte sich nicht fragen: 'Glaube ich an Gott', sondern vielmehr: 'Glaubt Gott an mich?'"

Im ersten Moment fand ich diese Überlegung recht interessant, weil sie die Fragerichtung auf überraschende Weise umkehrt. Denkt man jedoch genauer darüber nach, so zeigt sich, dass auch hier noch unsere alte, eingerostete Gottesvorstellung weiterlebt - und diese wirkt lähmend. Die Trennung vom Göttlichen setzt sich auf entmutigende Weise darin fort. Das entspricht der überkommenen biblischen Auffassung, die Gott kategorisch außerhalb seiner Schöpfung ansiedelt. Ihr zufolge gibt es auf der einen Seite das Haus Gottes, in das 'engelsgleiche Wesen' geladen sind - und auf der anderen Seite den Ort der verirrten Seelen, die der göttlichen Gnade harren, sowie dem unaussprechlichen Glück, am jüngsten Tage errettet zu werden.

Gott wohnt also in Seiner Welt und wir in unserer ... befangen in der naiven Erwartung, eines Tages an seine Türe klopfen zu dürfen - falls er uns zeigt, dass er an uns glaubt. So gesehen, entgeht man diesem Muster nicht.

Meiner Ansicht nach kann eine solche Auffassung nur zwei Arten von Menschen hervorbringen: Entweder Untertanen, die sich einem dogmatischen System unterwerfen - oder strikte Atheisten, die zwischen Religiosität und Spiritualität nicht zu unterscheiden wissen.

Ist das nur ein Streit um Worte? Sicherlich nicht. Aus der Unkenntnis von Begriffen sind schon oft schwere Missverständnisse entstanden. Diese Erfahrung musste ich immer wieder machen. Ein Wort setzt stets einen ganzen Denkhorizont voraus - Vorstellungen, Bilder und damit verbundene Gedanken - die sowohl konstruktiv als auch destruktiv sein können. Viele Menschen setzen zum Beispiel die Begriffe 'Geist' und 'Seele' gleich - für sie bedeutet es dasselbe - sie benutzen beide synonym ... das betrifft wohl die große Mehrheit.

Nun, warum werfe ich diese Frage hier auf? Einfach, um etwas tiefer in die Dinge einzutauchen, ihnen auf den Grund zu gehen ... und damit auch uns selbst - bis hinein ins Innerste unseres wahrhaftigen Aufenthaltsortes ... ins Herz dessen, was wirklich in uns lebt.

Dazu möchte ich noch eine kleine Geschichte erzählen, die ich selbst erlebt habe. Sie führt uns wieder zu einem Weisheitslehrer nach Indien. Sein Name tut nichts zur Sache.

Entscheidend ist seine Lehre. Sie brachte uns zuweilen ganz schön aus der Fassung, war aber stets von Humor getragen.

Gemeinsam mit etwa zehn Leuten hatte wir seit gut einer halben Stunde den Worten des Weisen gelauscht, als er seinen Redefluss plötzlich unterbrach, um uns eine ganz einfache Frage zu stellen:

"Wo ist Gott?"

"Aber ... er ist doch in uns, Swami!", riefen alle im Chor.

"Nein ... ihr seid in Ihm! Er ist allgegenwärtig. Das Universum ist Sein Zuhause."

Dann setzte der Meister seine einfache Rede fort. Wir konnten ihm nur recht geben, waren aber doch verwirrt.

Als wir eine Viertelstunde später gerade gehen wollten, stellte er uns dieselbe Frage noch einmal - wieder ganz überraschend.

Eifrig drängte ich mich vor und antwortete: "Natürlich ... überall um uns herum! Wir sind in Ihm!" "Nein ..., meinte er mit schelmischem Lächeln. Er ist in uns!"

Einige von uns kratzten sich am Kopf, andere rissen die Augen auf, doch schließlich brachen wir alle in schallendes Gelächter aus.

Im scheinbaren Widerspruch dieser beiden Antworten lag gerade der Kern seiner Lehre. Gleiches gilt für das Thema, welches uns hier beschäftigt. Wie soll man mit dem Begriff 'Paralleluniversen' umgehen, ohne dass der Eindruck entsteht, es handle sich dabei um 'Räume', die sich außerhalb unserer Alltagswirklichkeit befinden? In Wirklichkeit sind diese Dimensionen untereinander eng verknüpft ... und auch mit uns innig verbunden. Spinnt man diesen Gedanken weiter, so könnte das heißen: Gott und das Universum sind 'in uns', weil wir selbst sie erschaffen haben. Sie wären dann reine Projektionen - eine Folge des Bedürfnisses, aus sich herauszutreten, um die eigene Identität überhaupt wahrnehmen zu können.

Eine solche Auffassung führt leicht zu einem irrigen Nihilismus, der von einem vernünftigen Umgang mit der Maya - also der grundlegenden Illusion, in der wir leben, weit entfernt ist.

Wenn sich alles überlagert und gegenseitig durchdringt, um schließlich in einem Punkt zusammenzufließen, wenn Inneres und Äußeres letztlich auf dasselbe hinauslaufen, so kann sich *Das*, was in uns lebt - oder in uns zu leben glaubt - im 'Treibsand des Unendlichen' schon recht verloren fühlen.

Müssen wir uns auf ein solches Szenario einstellen? Zum Glück nicht. Zumindest verfolgen die Zeugnisse, dich ich hier zusammengetragen haben, nicht dieses Ziel. Es geht nicht um eine dramatische Infragestellung unserer Identität oder unsere Vernichtung in einem ungreifbaren, schwindelerregenden Absoluten, sondern gerade um die Freude, unser tiefstes Wesen wiederzufinden. Ziel ist gerade die Suche nach unserer Einheit!

Freilich kommt es ganz darauf an, was wir unter 'unserer Identität' verstehen ... Wenn wir dabei nur an 'unsere Komfortzone' in dieser Welt und vielleicht noch einen angenehmen Ort 'im Jenseits' denken, liegen wir wohl ziemlich daneben.

Es genügt nicht, sich für die Existenz anderer Universen zu interessieren, um sich selbst zu finden. Das ist zwar gewiss ein wichtiger, ein unabdingbarer Schritt ... aber eben nur ein Zwischenschritt.

Im Grunde geht es darum, sich etwas wirklich zu Eigen zu machen, das man vom Verstand her bereits annehmen kann.

Wenn wir unsere Behausung erweitern wollen, genügt es bei Weitem nicht, in intellektueller Manier Informationen anzuhäufen. Genau so wenig bringt es, sich in der Hoffnung, der ursprünglichen Bestimmung unseres Wesens näher zu kommen, damit abzuquälen, möglichst viele außerkörperliche Erfahrungen zu sammeln ... es sei denn, man wird spontan ausdrücklich dazu eingeladen.

Meines Erachtens ist der beste Weg, sich das unglaubliche Ausmaß seiner Selbst im Universum – aber auch der Unendlichkeit des Universums in einem Selbst, bewusst zu machen, sich dem Göttlichen hinzugeben, das uns allen innewohnt.

Ich kann meinen Seelenleib zwischen unendlich vielen Horizonten herumreisen lassen. Das ist mein Privileg. Doch muss man wissen, dass diese Fähigkeit mich noch lange nicht mit meiner ursprünglichen Identität verbindet.

Dies geschieht, indem ich mich regelmäßig dem Lebensstrom hingebe und versuche ihn wahrzunehmen. Unerschöpflich fließt er von meinem Geist in meine Seele und von meiner Seele in meinen Körper, um dann ‘von unten’ wieder ‘nach oben’ zu sprudeln.

Diesen Strom voller Mitgefühl spüre ich immer stärker. Er regt mein Wesen an, sich nach allen Seiten horizontal auszudehnen.

Eine Methode zur Wiedervereinigung mit dem Lebendigen

Das mag schwierig klingen, lässt sich in der Praxis aber leicht umsetzen. Man muss zunächst nur das Urbild des Kreuzes anrufen. Dieser Appell kann völlig unabhängig von jeglicher Zugehörigkeit zu einer Religions- oder Glaubensgemeinschaft geschehen, denn das Kreuz ist eines der wichtigsten Archetypen überhaupt. Es steht für Verbindung ... für die Verschmelzung des vermeintlich Gegensätzlichen - also für die 'Wiedervereinigung mit dem Höheren'.

Das Kreuz ist die Quintessenz, von der die Atmung des Lebens ausgeht: Sammlung und Zerstreuung - Einatmung und Ausatmung.

Der Appell, den ich meine, ist ganz einfach. Er besteht in einer Übung, die sich im Alltag jederzeit anwenden lässt. Auch ich nutze sie, um mich zu sammeln. Das geht so:

Es sind dafür lediglich ein paar Minuten Ruhe nötig, sonst nichts. Mit Ruhe meine ich weder den Lotossitz noch ein stilles Zimmer. Die Übung lässt sich auch inmitten des Lärms eines öffentlichen Verkehrsmittels - in der U-Bahn oder im Bus - durchführen, sofern es einem gelingt, sich einen Augenblick lang zu versenken. Man muss dafür keine besondere Atemtechnik anwenden und nicht einmal die Augen schließen, sondern einfach nur 'bei sich sein'. Vor allem braucht man sich nicht in eine 'Schutzhülle' einzuschließen - ganz im Gegenteil.

Die erste Phase der Übung besteht darin, direkt über dem Kopf die Gegenwart eines wunderbaren Diamanten wahrzunehmen, der senkrecht direkt über uns hängt ... und zwar so hoch oben wie möglich. Von diesem Diamanten geht ein wundervoller weißer Lichtstrahl aus ... Es ist der Strom des Lebens und liebenden Bewusstseins, der von unserem Geiste zu unserer inkarnierten Persönlichkeit herabströmt. Wir spüren, wie er am Scheitelpunkt unseres Kopfes in uns eindringt, unseren Rücken herabfließt, sich kurz in der Region des Herzens aufhält, wo er eine kleine Pause macht, beim Steißbein wieder austritt und dann tief in den Boden unter uns eindringt. Wenn dieser Geistesstrahl unsere unsichtbaren Wurzeln mit seiner Gegenwart durchtränkt hat, lassen wir ihn den umgekehrten Weg gehen und entlang unseres Körpers wieder aufsteigen, bis er aus dem Kopf hervorsprudelt, um wieder zum Diamant zurückzukehren.

In der zweiten Übungsphase verlagern wir unser Bewusstsein in die Mitte der Brust, genau dorthin, wo der Strahl kurz zuvor zum Stehen kam. Dann spüren wir, wie von diesem Punkt aus zugleich rechts und links ein horizontaler, weißer Lichtstrahl ausgeht. Wir lassen ihn so lange wie möglich erstrahlen und rufen ihn dann zu uns zurück, sodass seine beiden Enden in unserem Herzen wieder zusammenfinden.

Die dritte Phase entspricht der zweiten, nur dass der Strahl jetzt zugleich aus Brust und Rücken herausdringt, also so weit wie möglich vor und hinter uns erstrahlt.

Der Zweck dieser Übung besteht darin, die vom Diamanten unseres Geistes gemeinsam mit der Erde bewirkte 'Gegenwart des Lebendigen' in alle Richtungen strömen zu lassen - von oben nach unten, von unten nach oben, von links nach rechts und rechts nach links, ebenso wie von vorne nach hinten und umgekehrt.

Diese drei 'Bewegungen' verstärken sich, wenn man sie wiederholt, etwa zwei bis dreimal. Allerdings bringt es wenig, sich lange mit den einzelnen Phasen aufzuhalten. Sie sollten jeweils nicht länger als dreißig oder vierzig Sekunden dauern. Es geht nur darum, den Lebensgeist in uns zum Strömen zu bringen ... und auch um uns herum. Auf diese Weise verbinden wir uns mit dem Ganzen.

Die 'Wieder-Vereinigung' findet im Athanor unseres Herzens statt - am Kreuzungspunkt der verschiedenen Richtungen.

Nun könnte man natürlich sagen, das sei reine Theorie. Dieser Einwand zeugt jedoch von Unkenntnis im Hinblick auf Stimulation, Verstärkung und Verschiebung von Energie - wobei hier weder 'psychische Energie' noch die 'Ausdehnung der Aura' gemeint ist. Es geht vielmehr darum, eine innige Verbindung mit jenem göttlichen Juwel herzustellen, von dem alles Sein durchdrungen ist ... weit jenseits des Messbaren.

In diesem Sinne ist es keine Meditation, sondern eher eine 'Initialzündung', die ganz frei und unmittelbar den Bewusstwerdungsprozess der All-Einheit in Gang setzt. Das geht sehr schnell - und dieses Tempo ist wichtig, weil es mentale Eingriffe von unserer Seite verhindert. So kann 'der Geist des Lebendigen' völlig unabhängig von unserer inkarnierten Persönlichkeit in uns wirken - in einem Zusammenspiel Seines Körpers und Herzens.

Die Dynamik des Loslassens

Ich möchte noch einmal auf den Begriff des 'Loslassens' zurückkommen, den ich oben angesprochen habe. Man könnte ja denken, er sei mit der Dynamik der Übung unvereinbar.

'Loslassen' bedeutet hier das Aufgeben jeglichen Willens, 'etwas zu machen' - selbst die Vorstellung, 'es gut' oder 'richtig' machen zu wollen, soll schweigen.

Erst in der völligen Hingabe unseres Seins an die uns innewohnende göttliche Gegenwart tritt die Aufstiegsdynamik in Erscheinung - jene Kraft, die all unsere Behausungen verbindet. Das ist eine notwendige Voraussetzung der Offenbarung des *'einen Hauses'*.

Meines Wissens wird auf Hebräisch 'Haus' und 'Familie' mit demselben Wort ausgedrückt. Es lautet 'bayit' und bezeichnet sowohl das 'Heim' als auch die 'Lebensgemeinschaft' darin.

So führt die Rückkehr nach Hause - um die es hier im Grunde geht - nach all den unvermeidlichen, lehrreichen Irrfahrten durch die provisorischen Bauten unserer vorübergehenden Häuser, ganz selbstverständlich zum Begriff der 'Familie'.

Und eine Familie ist per definitionem eine Einheit in der Vielfalt. Es ist doch ganz einfach ... Alles, was *ist*, IST aus derselben Familie ...

Ein Pakt mit der Illusion

Es wäre also völlig verfehlt, auf dem Weg der Versöhnung und Wiedervereinigung mit Sich selbst, die vielfältigen Behausungen zu verfluchen, die wir seit Urzeiten erbauen, mit errichten und bewohnen. Dieses Labyrinth ist unser größter Lehrmeister - es ist schließlich nichts anderes als die Maya. Es gibt allerdings einen gewissen spirituellen Stolz, der so manchen Pilger unserer Welt dazu verleitet, sie zu verachten.

Wenn man sich dem wahren Sinn der Maya nähert, muss man von dieser Haltung natürlich Abstand nehmen. In der Tat verstärkt die Maya durch ihren Dualismus die Illusion und trägt damit den Keim der 'Trennung' in sich. Indes ist die Illusion, welche den von uns erdachten, erbauten und aufrecht erhaltenen Universen zugrunde liegt, ganz klar ein notwendiges Übel ... also etwas Gutes - dessen Weisheit es zu erkennen gilt.

Die Maya bringt uns weiter. Gerade indem sie uns bis zu einem gewissen Grad unser Wesen und unseren Geist verschleiert, wird sie zum Motor geistiger Entwicklung. Sie führt uns in Fallen und wir tappen unweigerlich immer wieder hinein. Doch gerade das bewirkt, dass wir uns schließlich auf die Suche nach dem verlorenen Paradies machen, nämlich nach dem Hause des Vaters. Die Maya schürt die Sehnsucht danach, wie ein Motor. Würde sie nicht den Boden unseres Lebens bearbeiten und pflügen, könnte man nichts hineinsäen, das der Erweckung zu unserer eigentlichen Wahrheit dient.

Wenn nun bestimmte philosophische Theorien manichäistischer Prägung wie etwa der Katharismus behaupten, unsere Welt sei das Werk Satans - also des Widersachers - so liegen sie insofern nicht ganz falsch, als alles darin letztlich eine Illusion ist, die von permanenter Dualität aufrechterhalten wird.

Aufgeklärt wie wir heute sind, können wir indes nun wahrnehmen, dass diese philosophischen Theorien - zumindest in ihrer exoterischen Seite - auf halbem Wege stehen bleiben. Die erhebende Rolle der Dualität in der gigantischen Aufstiegsbewegung der Evolution wird darin offiziell nicht anerkannt. Ich sage 'offiziell', weil es natürlich in jeder Philosophie und Religion Eingeweihte gibt, die aufgrund ihres Wissens und ihrer Erfahrung weit über die Doktrin hinausragen, der sie angehören.

Betrachtet man die Dinge nun etwas klarer und objektiver, so muss man schon zugeben, dass selbst die größten Meister der Weisheit und Avatare, die auf Erden aufgetreten sind, sich der Illusion bedient haben. Um uns lehren zu können, stützten sie sich auf die Maya - und sei es nur, indem sie vorübergehend einen Körper annahmen und sich den Gesetzen der materiellen Welt beugten.

Als Buddhas Geist Gautamas Leib belebte, um uns aufzuzeigen, wie wir den zahllosen Behausungen der Maya - oder des 'Nicht-Selbst' - entgehen können, schloss er natürlich einen Pakt mit Mechanismen, die er im Grunde ablehnte. Die größte Wahrheit liegt immer ganz nahe bei Widerspruch und Absurdität. Doch entsprechend führt ein höchst schwindelerregender Sturz oftmals auf den strahlendsten Gipfel.

Daher ist auch verständlich, warum es heißt, dass 'Gott die Lauen ausspeien wird'.

'Gott' ist ein Name für den aufsteigenden Lebenshauch, der verlangt, das alles - absolut alles - erkundet wird. Mit der Lauheit, die auf so einprägsame Weise verworfen wird, ist Unbeweglichkeit gemeint, also die Weigerung, alle Schwingungsräume, welche der Lebensstrom erschafft, zu entdecken.

"Wir müssen im Ozean der Leben und Illusionen[15] alles bis zur Neige kennenlernen, um uns schließlich im Einen wiederzufinden." Das sagen viele Meister aus dem Himalaya. Es ist genau meine Auffassung. Insofern entspricht aus meiner Sicht jede Behausung, die wir bewohnen oder durchqueren, einem Bewusstseinsniveau, das wir kennenlernen müssen. Es sind gleichsam Träume, die an unserem Erwachen mitarbeiten ...

Ich habe das vorliegende Buch geschrieben, um die vielfältigen Gesichter dieser 'Wohnungen' zu veranschaulichen und uns ihren Sinn zugänglich zu machen.

Wenn wir die Botschaft der Sprungbretter, welche die Seele erschafft, um sich wieder an ihre wahre Herkunft zu erinnern, erst einmal verstanden haben, werden wir nichts mehr ablehnen oder verurteilen.

Wir sind gegenwärtig mehr als sechs Milliarden Menschen auf Erden - und damit ebenso viele Planeten, die miteinander in Berührung kommen oder aufeinanderprallen - zum Glück aber auch ebenso viele 'Behausungen', die versuchen, sich gegenseitig größer zu machen ...

---

15) Man könnte auch von Samsara sprechen.

Wenn all diese Welten ihren vielfältigen Reichtum verwirklicht und eingebracht haben, werden sie die Schönheit ihrer Galaxie wahrnehmen und der Sonne in ihrer Mitte furchtlos entgegenblicken. Es wird dies die Stunde eines Neuanfangs sein, die Stunde der Heimkehr ...

Anhang: Ein Wort zu Astralreisen ...

Es ist wohl deutlich geworden, dass viele Erfahrungen, die dem Zeugnis dieses Buches zugrunde liegen, auf sogenannten 'Astralreisen' basieren.

Seit über dreißig Jahren sind Seelenreisen außerhalb meines Körpers mein wichtigstes Arbeitsinstrument. Ich unternehme sie ganz bewusst, meist willentlich und auf völlig natürliche Weise, stets mit demselben Ziel: Dem Licht, also der Öffnung des Herzens zu dienen. Ich bin vom Leben mit dieser Gabe beschenkt worden und entdecke ihren unendlichen Reichtum immer neu.

Obwohl nicht alles in diesem Buch unmittelbar auf solche Erlebnisse zurückgeht, erschien es mir angebracht, die folgenden Seiten anzufügen.

Der Begriff 'Astralreise' wirft in unserer westlichen Welt, die sich erst seit Kurzem solchen Überlegungen öffnet, nämlich eine Menge Fragen auf. Ich habe seit Beginn meiner Arbeit an die zehntausend Briefe bekommen – das spricht Bände.

Daher erschien es mir am sinnvollsten, eine Reihe von Fragen und Antworten zu entwickeln, die dem Leser helfen, mit seinen eigenen Erwägungen zu diesem Thema besser zurechtzukommen. Ich hoffe, dass darin jeder etwas Hilfreiches findet, um seine Gedanken zu vertiefen und das Leben in allen Dimensionen noch mehr lieben zu lernen.

Welche Technik wendet man bei Astralreisen an und warum unterrichten Sie diese nicht?

Zunächst einmal muss man wissen, dass es nicht nur *eine* Technik gibt, sondern *mehrere*, genau wie beim Erlernen einer Sprache. Jede Methode oder Technik entspricht einer bestimmten Auffassung, einem Temperament sowie einer entsprechenden Sensibilität und sicherlich auch einer Kultur.

Ich glaube sagen zu können, dass Menschen, die fähig sind, ihren feinstofflichen Leib ganz bewusst aus ihrer körperlichen Hülle herauszusetzen, das auf unterschiedliche Weise tun. Sie haben ihre individuellen Auslöser und orientieren sich an ganz spezifischen Dingen.

Das kann auch gar nicht anders sein. Schließlich ist jeder von uns einzigartig. Wir haben alle unsere Geschichte und unser 'seelisches Gepäck' – ob wir es nun kennen oder nicht. Was dem einen entspricht, muss für einen anderen noch lange nicht gelten.

An sich steckt also kein bestimmtes Geheimnis dahinter. Es sind schon viele Bücher darüber geschrieben worden, mit all ihren Eigenheiten und mehr oder weniger zutreffenden Ratschlägen.

Auch ich bin mehrfach gefragt worden, ob ich meine Methode nicht unterrichten wolle, fand das aber keine gute Idee. Auf der anderen Seite mache ich auch kein Geheimnis daraus. Im kleinen Kreis habe ich mich schon öfter dazu geäußert.

Sie besteht ganz einfach darin, mir hinter geschlossenen Lidern das Bild meines daliegenden Körpers vor Augen zu stellen und zwar von einer ganz bestimmten Stelle des Zimmers aus gesehen, in dem ich mich befinde - zum Beispiel von einem Schrank aus. Ich stelle mir also vor, wie ich oben auf dem Schrank sitze und dabei entsteht das innere Bild meiner ausgestreckten Silhouette. Wenig später verlasse ich den Körper wie von selbst. Natürlich muss man sich zuvor in einen Zustand völliger Entspannung versetzt haben. Dafür verwende ich die vom Hatha Yoga empfohlene 'Grundatmung'.

Allerdings kann man das jahrelang machen, ohne auch nur im Geringsten aus seinem Körper herauszutreten und zwar aus einem ganz einfachen Grund. Jede Technik kann in diesem Bereich lediglich einen Anstoß geben. Sie kann Auslöser sein, mehr nicht. Der Rest - also die 'Loslösung' der Seele selbst - wird immer vom Zustand abhängen, in dem man sich gerade befindet. Ich meine, es kommt ganz darauf an, wie wir uns 'denken' können. Das allein entscheidet darüber, ob das Phänomen auftritt oder nicht.

Blockiert wird es vor allem, wenn wir uns zu sehr mit unserem physischen Leib identifizieren und zwar selbst dann, wenn wir mental völlig einig damit sind, 'etwas anderes' zu sein und ihn nur für die Dauer eines Lebens zu bewohnen. Die Verbindung zu unserem Körper ist so eng - es ist als würden wir uns ständig vorstellen, mit den Kleidern, die wir tragen, eins zu sein. Das trifft es genau.

Eine Technik der Astralreisen kann uns zwar zeigen, wie wir unseren physischen Leib verlassen können, aber sie kann uns nicht beibringen, 'zu sein' - also außerhalb von ihm zu leben. Es genügt, sich mit seinem Körper zu identifizieren, sich also reflexhaft an ihn zu klammern, um das Erlebnis unmöglich zu machen.

Und das ist gut so ... Die Bindung an den Körper ist ein Gut. Daher möchte ich auch nicht lehren, wie man seinen Körper verlässt und habe nie jemanden ermutigt, es zu versuchen. Das Gut, das wir an unserem Körper haben, soll uns freilich nicht dazu verleiten zu glauben, 'dass wir dieser Körper sind'. Das meine ich natürlich nicht, es wäre auch völlig widersinnig.

Ich möchte damit nur sagen, dass es gut und stimmig ist, sich voll auf das Spiel unserer gegenwärtigen Inkarnation einzulassen und nicht zu versuchen, eine Rolle zu spielen, die uns nicht zusteht.

Um die Identifikation mit unserem Körper auf gesunde, weisheitsvolle und konstruktive Art zu lockern, muss man erst einmal gelernt haben, ihn als gegeben anzunehmen. Zunächst entspricht er unserer Realität - in der wir fest verankert sein müssen. Etwas einfacher ausgedrückt: Es ist ganz wichtig, sich 'in seiner Haut wohlzufühlen', also alle Aspekte der Leiblichkeit zu akzeptieren. Erst dann kann man sich ganz bewusst davon lösen.

Leib und Seele sind in der heutigen Welt nicht zuletzt deswegen so ineinander verkeilt, weil sich so wenige Menschen in ihrem Körper richtig ‘zu Hause’ fühlen. Daher ist es sehr schwer, sie wirklich – und nicht nur in der Vorstellung – voneinander zu lösen.

Im Übrigen kann ein bloßes Mittel niemals das Ziel sein. Auch dies gilt es zu verstehen. Wer eine Technik beherrscht, hat noch lange kein Werk geschaffen. Sie ist allenfalls ein Werkzeug.

Den physischen Leib willentlich zu verlassen, um ‘andere Behausungen’ aufzusuchen, kann für sich genommen niemals das Ziel sein. Jedenfalls löst es nicht die Probleme der gegenwärtigen Inkarnation, selbst wenn man oft Gegenteiliges zu hören bekommt.

Um gesund – also bewusst – ‘in seiner Seele’ zu leben, muss man mit dem Körper und der Welt, in die er eingebettet ist, ‘in Frieden sein’.

Astralreisen und außerkörperliche Erfahrungen zu lehren, würde bedeuten, die Verantwortung dafür zu übernehmen, eine ganze Reihe von Leuten in Verwirrung zu stürzen und ihr Leben zu entwurzeln. Wer eine echte Spiritualität entwickelt, wird niemals diesen Weg einschlagen ...

Die Fähigkeit willentlich herbeigeführter Bewusstseinsreisen tritt in einem bestimmten Moment der Entwicklung auf, kommt also sozusagen ‘noch obendrauf’. Dieser Zusatz ist durchaus ein zweischneidiges Schwert. Er kann die Seele dazu verführen, sich übermächtig zu fühlen – was sie letztlich auszehrt – oder aber sie stellt sich in den Dienst dieser Fähigkeit. Dann kann sie daran wachsen.

Soll man diese Fähigkeit anstreben?

Keineswegs. Das Leben beschert manchen Menschen zuweilen ganz überraschend außerkörperliche Erfahrungen, das schon. Die Göttliche Weisheit, die darin wirkt und gleichsam als 'Schicksal' auftritt und die Voraussetzungen dafür schafft, hat stets gute Gründe ... Sie hängen mit individuellen 'karmischen Verstrickungen' zusammen. In diesem Sinne ist das Erlebnis eine Art Test: Wie reagiert der jeweilige Mensch? Macht er etwas Konstruktives daraus - oder ist er blockiert? Steckt er in einem Erleben fest, das ihm unverständlich bleibt? Hat er die Kraft, sich auf die Suche zu machen ... oder wendet er sich von der Quelle, die ihn Hoffnung schöpfen ließ, wieder ab?

Ganz allgemein lässt sich sagen: Das spontane Auftreten des Phänomens ist noch lange keine Einladung, die Technik systematisch zu erlernen.

Sofern jedoch das Göttliche in dieser Hinsicht 'etwas mit uns vorhat', werden wir seinem Zugriff nicht entgehen. Dann wird uns der Zugang zu Astralreisen denkbar leicht gemacht ...

Allerdings muss man sich im Klaren darüber sein, dass es zwar viele Bewerber gibt, jedoch nur sehr wenige eingeladen sind, diese Erfahrung zu machen, viel weniger, als man denkt ... oder so manch' einer uns glauben machen will.

Wer wirklich dazu berufen ist, ist deswegen natürlich kein 'besserer Mensch'. Er hat lediglich bereits in früheren Leben lange an dieser speziellen Gabe gearbeitet, an dieser 'Seelengymnastik' - so wie andere sich etwa mit Meditation oder Musik beschäftigen.

Es ist ein Weg des Dienens unter anderen - kein Allheilmittel und auch nicht der Schlüssel schlechthin. Außerdem ist dieser Weg eng und schmal - denn ein Aufzug ermöglicht nicht nur den Aufstieg, sondern auch den Abstieg ins Unterirdische ...

Insofern rate ich niemandem, sich intensiv darum zu bemühen, außerkörperliche Erfahrungen zu machen. So viel sollte klar sein. Überlassen wir es der Weisheit des Schicksals, die jedem Einzelnen von uns eingeschrieben ist, zu entscheiden, was zu erleben für uns gut und stimmig ist. Ich verstehe natürlich sehr wohl, dass man neugierig werden und in Versuchung geraten kann, forschen zu wollen. Das ist völlig normal. Aber letztlich sollte die Vernunft doch obsiegen.

Sind wir alle in der Lage, außerkörperlich Erfahrungen zu machen?

Im Prinzip ja. Schließlich sind wir als Menschen alle gleich gebaut. In der Realität jedoch nicht - und zwar aus den genannten Gründen. Sie seien noch einmal kurz genannt: Wir haben nicht alle dieselbe innige Beziehung zu unserer Seele und unserem Körper. Entsprechend führt auch unser Lebensweg durch ganz unterschiedliche Landschaften.

Außerdem muss man wissen, dass zwischen einer echten Astralreise und einer bloßen außerkörperlichen Erfahrung ein erheblicher Unterschied besteht. Bei Letzterer verlässt das Bewusstsein, beziehungsweise die Seele lediglich vorübergehend ihre leibliche Hülle. Daraus kann eine Seelenreise werden, wenn die Seele bemerkt, dass sie sich im materiellen Universum völlig frei bewegen kann, blitzschnell wie Gedanken.

Die eigentliche Astralreise ist wieder etwas anderes. Dabei entdeckt die Seele ‘eine Schwingungs-Pforte’ und lernt alsbald, sie auch zu durchschreiten, um in andere Universen einzudringen. Eine solche Reise erfolgt immer nur auf Einladung. Außerdem muss man lange üben, bis man sie beherrscht. Bei mir dauerte die Lehrzeit sieben Jahre - sieben Jahre absoluter Diskretion und Verschwiegenheit. Um ehrlich zu sein, weiß ich dreißig Jahre später noch immer nicht, ob die Lehrjahre in dieser Hinsicht zu Ende sind. *Das*, was es da zu entdecken gibt, ist so unendlich groß ...

Birgt eine solche Vorgehensweise Gefahren?

Zweifellos - und zwar sowohl auf körperlicher als auch psychologischer und spiritueller Ebene. Auf der ersten, der körperlichen Ebene kann es in der Vorbereitungsphase vor dem Austreten der Seele aus dem Körper zu Herzrasen kommen. Dabei kann es immer wieder zu Unfällen kommen. Wenn hingegen die ‘Rückkehr’ nicht richtig gelingt und der Astralleib zunächst nicht passgenau in den Körper zurückfindet, können Schwindel, Übelkeit und Kopfschmerzen auftreten. Das erleben manche Menschen ja auch, wenn sie allzu abrupt aus dem Schlaf gerissen werden. Schlimm ist das zwar nicht, kann aber sehr unangenehm sein.

Auf psychologischer Ebene kann der unbedachte Versuch seinen Körper zu verlassen zu Verhaltensstörungen führen, das muss man schon sagen.

Wer gewaltsam aus seinem Körper ausbricht, negative Erfahrungen damit macht oder das Erlebnis nicht richtig einordnen kann, riskiert an einer Form von Schizophrenie zu erkranken. Das ist natürlich ein Extremfall, der nur vorkommt, wenn man nicht in der Lage ist, das Erlebnis richtig zu verarbeiten.

Ansonsten treten auf psychologischer Ebene in der Folge eher Schwierigkeiten auf, sich wieder in die Gegebenheiten unserer Welt einzufügen. Dabei ist vor allem an Orientierungslosigkeit und eine schlechte Verankerung im Alltag zu denken.

Auch auf geistiger Ebene sind schädliche Auswirkungen denkbar. Sie reichen von einer Aufblähung des Egos, das sich dann sein eigenes elitäres Drehbuch zusammenbastelt, bis hin zu Fällen, in denen die feinstofflichen Leiber in Unordnung geraten.

Was im Grunde ein Werkzeug geistigen Wachstums sein soll, kann sich auch gegen einen wenden, wenn man dem Stolz in die Falle geht. Mit Astralreisen schon eine gewisse Erfahrung zu haben, macht noch lange keinen 'Eingeweihten' oder gar Meister aus uns.

Sollte eine solche Gesinnung sich entwickeln, so verheißt das nichts Gutes. Sie verweist eher auf eine Stagnation der seelischen Entwicklung. Muss das noch eigens erwähnt werden? Die Seele wird sich dann in den Sümpfen verlieren, die ihren Weg säumen und letztlich den Weg mit dem Ziel verwechseln.

Demut und die Bereitschaft zu Dienen sind keine bloßen Moralvorschriften. Es sind Seinszustände, die jeder, der zum Licht strebt, verinnerlichen und leben muss. Man kann kein falsches Spiel damit treiben oder sich einfach mal so dafür entscheiden, denn es sind Blumen, die voll erblühen wollen.

Seelenreisen außerhalb des Körpers zu unternehmen und zu beherrschen, hat nichts mit Macht zu tun. Darauf möchte ich noch einmal ausdrücklich hinweisen. Es ist einfach eine spezifische Besonderheit, die einem erlauben soll, die Dinge klar und lichtvoll zu sehen. Andernfalls riskiert man, seine höheren Fähigkeiten zu behindern oder gar zu beschädigen. Das gilt für alle, die leichtsinnig damit umgehen oder Astralreisen zur Selbstverherrlichung missbrauchen.

Dem Geist, der über allem steht, ist Macht völlig fremd. Er ist nicht etwa eine Kraft außerhalb des Menschen, die belohnt oder straft. Er ist die wahre Weisheit, die uns allen still innewohnt. Sie öffnet Türen - kann sie aber auch verschließen, je nachdem, wie viel Reinheit sie antrifft. So ordnet sich das Licht, auf seinem Weg durch die zahllosen 'Wohnungen', die es durchläuft, ganz von selbst.

Über den Autor

Daniel Meurois wurde 1950 in Frankreich geboren. Als wahrer Erforscher der neuen Bewusstseinsfelder ermutigt er uns, die Pluralität unseres Universums zu entdecken und neu zu betrachten und natürlich auch einen neuen Blick auf uns selbst zu werfen, immer auf der Suche nach unserer Identität. Doch hinter dem kühnen Philosophen und Lehrer verbirgt sich ein authentischer Schriftsteller, besorgt um die Schönheit der Sprache – als Ausdruck für die Schönheit des Lebens.

Das literarische Werk von Daniel Meurois ist vielseitig, beeindruckend, mitunter auch überraschend, und dabei immer außergewöhnlich und bahnbrechend.

Nicht ohne Grund sind viele der Bücher, die er im Laufe seiner über dreißigjährigen Tätigkeit als Autor geschrieben hat, internationale Bestseller geworden. Mit 38 Büchern und 80 Übersetzungen in 17 verschiedenen Sprachen ist Daniel Meurois als Pionier des neuen Bewusstseins bekannt.

Heute lebt Daniel Meurois in der Nähe von Quebec und arbeitet unablässig daran, das Bewusstsein der Menschen durch sein einmaliges literarisches Werk sowie seine Seminare und Vorträge zu wecken.

www.danielmeurois.com

Weiterführende Informationen zu
Büchern, Autoren und den Aktivitäten
des Silberschnur Verlages erhalten Sie unter:
www.silberschnur.de

Natürlich können Sie uns auch gerne den
Antwort-Coupon aus dem beiliegenden
Lesezeichenflyer zusenden.

Ihr Interesse wird belohnt!

208 Seiten, broschiert
ISBN 978-3-89845-640-1
€ [D] 20,00

Daniel Meurois

Maria Magdalena – das wahre Evangelium

Was wäre, wenn Maria Magdalena gar nicht die 'reumütige Sünderin' gewesen wäre, als die sie in offiziellen Texten dargestellt wird?
Bis vor kurzem war der Öffentlichkeit völlig unbekannt, dass jene Frau die Inspirationsquelle eines Evangeliums ist. Das Manuskript, welches ihren Namen trägt, wurde Ende des 19. Jahrhunderts entdeckt. Der Text ist faszinierend ... war aber leider unvollständig, zahlreiche Seiten fehlten.
Daniel Meurois hat sich ins Gedächtnis der Zeit vertieft und macht uns dadurch ein großes Werk ganz neu zugänglich: das verschollene Evangelium der Maria Magdalena.

448 Seiten, broschiert
ISBN 978-3-89845-462-9
€ [D] 19,95

Daniel Meurois & Anne Givaudan

Essener Erinnerungen

Die spirituellen Lehren Jesu

Ein einzigartiges Dokument Zeit über die Bruderschaft der Essener, bei denen Jesus von Nazareth seine spirituelle Unterweisung erhielt, und über das geheime Leben Jesu:
Entdecken Sie das Leben und Wirken der Essener zur Zeit Jesu und erfahren Sie mehr über ihre Bedeutung bei der Vorbereitung der Mission Christi und über die ursprüngliche Botschaft Jesu.

224 Seiten, broschiert,
ISBN 978-3-89845-598-5
€ [D] 22,00

Daniel Meurois

Das große Buch der Akasha-Chronik

Der Zugang zum universellen Weltengedächtnis

Daniel Meurois beweist, dass er sich kraft seines Bewusstseins durch die Zeit bewegen kann. Er beschreibt, wie er Zugang zur Akasha-Chronik erlangt und durch welche Arten des Reisens er sich in der Zeit bewegt. Er erläutert die Anatomie der Akasha-Chronik und lässt uns teilhaben an seinen realen Erfahrungen aus den Tiefen der Zeit. Damit bietet er uns einen einmaligen Einblick in das universelle Weltengedächtnis, durch den wir entdecken, dass die metaphysische Erfahrung der Raum-Zeit-Dimension die Tür zum Göttlichen in uns selbst weit öffnet.

304 Seiten, broschiert
ISBN 978-3-89845-629-6
€ [D] ca. 25,00

Daniel Meurois

Von oben betrachtet

Ein überirdischer Dialog mit der galaktischen Bruderschaft

Dieser Dialog mit einem Boten der galaktischen Bruderschaft gewährt Einblicke in neue Ebenen der Wahrnehmung und ermöglicht es, in Höhen aufzusteigen, von denen aus gesehen unser Leben eine völlig andere Bedeutung bekommt ...
Ein Zugang zum Verständnis des Lebens auf unseren Nachbarplaneten und zum Wandel unseres Bewusstseins und eine ganz besondere Begegnung für alle, die es wagen wollen, ihre inneren Grenzen zu überschreiten.

384 Seiten, broschiert
ISBN 978-3-89845-521-3
€ [D] 19,95

Daniel Meurois

Jesus' Jüngerinnen

Das geistige Erbe der drei Marien

Christus hatte nicht nur männliche Begleiter, sondern auch weibliche, unter denen sich insbesondere die drei Marien hervortaten: Maria-Magdalena, Maria-Jakobea und Maria-Salome.
Nehmen Sie an der Begegnung der drei Frauen teil und lernen sie den Mensch Jesus und dessen Lehren aus weiblicher Perspektive kennen.
Erstaunlich leicht lässt sich Jesus´ Lehre auf die Gegenwart übertragen und kann zum Schlüssel einer geistigen Erhebung werden, die wir in den heutigen, bewegten Zeiten so dringend brauchen.

504 Seiten, broschiert
ISBN 978-3-89845-583-1
€ [D] 24,95

Daniel Meurois

Echnaton und der Strahlende Gott

Das Geheimnis des Aton

Dieses Buch ist anders als alles, was je über Echnaton geschrieben wurde, denn es lüftet viele Geheimnisse über das Leben des Pharaos. Es ist ein geradezu magisches Werk, das sich intensiv mit den großen Fragen der Menschheit auseinandersetzt – Fragen, die uns immer beschäftigen werden.
Dieses authentische Zeugnis ist ein herausragendes Buch – hochaktuell und eine Inspiration für jeden, der sein Leben mit vollem Bewusstsein führen und aktiv gestalten will.

240 Seiten, broschiert
ISBN 978-3-89845-555-8
€ [D] 16,95

Daniel Meurois

Die ursprünglichen Lehren Christi und wer Jesus wirklich war

Erleben Sie den wahren Jesus in seinem alltäglichen Umfeld und erhalten Sie ein völlig neues Bild von ihm, das auch die verborgenen Seiten seiner Lehre beleuchtet. Das Buch zeigt, wie die Wunder, die Christus vollbracht hat, zu verstehen sind, wie er alltäglich außerhalb seiner Lehren lebte, wie sich das Leben seiner Mutter Maria gestaltete, was wirklich nach der Auferstehung geschah, wie seine Worte tatsächlich zu verstehen sind. Sie werden überrascht sein von den neuen Einsichten und Erkenntnissen und die Lehre Christi ganz neu erfahren.

160 Seiten, broschiert
ISBN 978-3-89845-387-5
€ [D] 14,95

Daniel Meurois-Givaudan

Die ungeborene Seele

Einfühlsam berichtet Daniel Meurois-Givaudan über den Weg der Menschen, die den Verlust eines ungeborenen Kindes verkraften müssen und sich der Problematik von Abtreibungen, der Bitternis von Fehlgeburten und den oft so schmerzlichen Fragen rund um komplizierte Geburten stellen müssen. Er hilft ihnen, einen banalisierten, verheimlichten und nur allzu oft verleugneten Schmerz zu überwinden und ihre Verletzungen und Wunden zu heilen.

144 Seiten, broschiert
ISBN 978-3-89845-193-2
€ [D] 12,90

Daniel Meurois

Karmische Krankheiten

Wer hat noch nie etwas über hartnäckiges Asthma gehört, Hautkrankheiten, die einfach nicht weggehen wollen, seltsame Beschwerden, die von einem Organ zum nächsten wandern oder unerklärliche Ängste? Anhand einer großen Anzahl von Fallbeispielen zeigt uns der Autor auf, was die Ursachen von bestimmten Krankheiten sein können, denen die Schulmedizin häufig machtlos und auf verlorenem Posten gegenübersteht. Er zeigt uns auf, welche Rolle dabei Erinnerungen aus früheren Leben spielen können und hilft uns, uns besser kennen zu lernen und in bisher wenig erforschte Bereiche von uns selbst vorzudringen. Das Erkennen des karmischen Ursprungs einer Krankheit wird damit zum Ausgangspunkt für eine wahre innere Entwicklung, die in der Lage ist, uns an Leib und Seele zu heilen.

238 Seiten, broschiert
ISBN 978-3-89845-194-9
€ [D] 13,90

Dr. med. Antoine Achram; Anne Givaudan

Auralesen und alte Therapien der Essener

Vor 2000 Jahren lehrten die Essener die Methoden des feinstofflichen Heilens, die in diesem umfassenden Buch praktisch und leicht verständlich erklärt werden. Eine wahre Fundgrube an subtilen, aber einfach anwendbaren Ratschlägen für alle, für die Gesundheit nicht einfach durch die Einnahme einer Pille erlangt werden kann.

400 Seiten, gebunden
ISBN 978-3-89845-541-1
€ [D] 26,95

Carola Hempel

Die Quelle der Spiritualität

Die Verbindung von Wissenschaft, Religion und Philosophie

Sind die großen Religionen wirklich so unterschiedlich, wie wir heute glauben? Haben nicht alle Religionen einen Kern?
Dieses Buch deckt die wahren Inhalte der Lehren der Religion, Esoterik und Naturwissenschaft auf. Erstmalig wird hier der übergeordnete rote Faden aufgezeigt, der alle großen Lehren, Philosophien, Religionen und die gesamte Bandbreite der Spiritualität mit ihren vielen Facetten verbindet.

336 Seiten, 2-farbig, inkl. Lesezeichen, broschiert
ISBN 978-3-89845-570-1
€ [D] 19,95

Miriam Oberstaller & Helene Sarah Gruber

Ein Geschenk des Himmels für dich und mich

Die wesentlichen Fragen an das Leben

Die Schnelllebigkeit unserer Zeit und immer neue Aufgaben konfrontieren viele jeden Tag mit neuen Herausforderungen und immer wieder auftauchenden Fragen.
Die drängendsten Fragen an das Leben haben zahlreiche Menschen für dieses Buch gesammelt, und die geistige Welt hat jede einzelne davon liebevoll beantwortet ...
Einfühlsam, berührend und mit viel Humor führt die geistige Welt durch dieses Buch und schenkt in ihren Antworten Kraft und Segen. Dieses Buch möchte Menschen wieder zur Einfachheit führen, in die Selbstermächtigung und Selbstliebe.

192 Seiten, broschiert
ISBN 978-3-89845-534-3
€ [D] 14,95

Marie Johanne Croteau-Meurois

Das Elfentor

Unsere Verbindung zur Anderswelt

Treten Sie ein in die Welt der Elfen voller Magie und Licht. Dieses Buch schildert wahre Begebenheiten des Lebens der Elfe Gwenedys, die beschließt, ihre Welt zu verlassen und fortan in der Welt der Menschen zu leben. Durch ihre Schilderungen erhalten wir faszinierende Details des Lebens der Elfen – einem Elfenleben, das weit entfernt ist von den Märchen und Legenden unserer Vorstellungswelt.
Entdecken Sie die zauberhafte Anderswelt, und begegnen Sie wundervollen Elfen, die auch in unserer irdischen Welt ihren Zauber hinterlassen haben ...

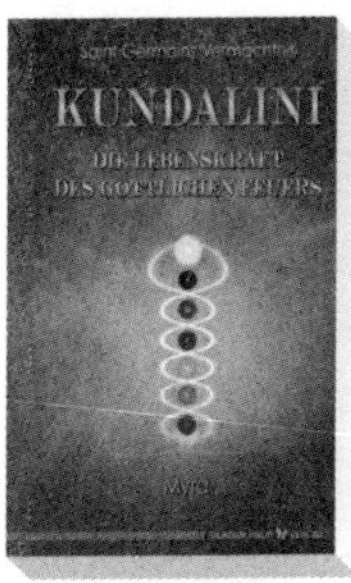

224 Seiten, Klappenbr.
ISBN 978-3-89845-372-1
€ [D] 16,95

Myra

Kundalini – Die Lebenskraft des göttlichen Feuers

Die jahrtausendealte Kundalini-Lehre bietet ein vielschichtiges und durchdachtes System der Persönlichkeitsentfaltung, was sie ungeheuer wertvoll macht. Ihr Ziel ist der harmonisierte, gelassene, angstfreie und weise Mensch. Saint Germain beschreibt in diesem Buch verschiedene Wege und Übungen, um sich der alten Lehre von der Kundalini-Energie zu nähern. Ist sie wieder in das Leben integriert, wird die Gesamtpersönlichkeit des Menschen geweckt, dank derer er in der Lage ist, die höheren Seinszustände zu erreichen und die Christus-Buddha-Natur in sich zu verwirklichen. Mit praktischen Übungen für den Alltag.

120 Seiten, broschiert
ISBN 978-3-89845-435-3
€ [D] 12,95

Corinna Thiel

Die weibliche Urkraft wiedererwecken

Entdecken Sie die Botschaften weiblicher Göttinnen und weiblicher Engelenergien. Sie bringen tiefe Wahrheiten des weiblichen Seins an die Oberfläche. Mithilfe dieser Energien finden Sie zu Ihrer eigenen weiblichen Kraft zurück, liebevoll gefördert und angeleitet durch die Hüterinnen des ursprünglichen Wissens einer jeden Frau.